생각
정리
습관

Original Japanese title:

KEKKA WO DASU HITO GA YATTEIRU
"SHIKOU SEIRI"NO SHŪKAN

Copyright © Masaya Ubukata2019
Original Japanese edition published by Nippon Jitsugyo Publishing Co., Ltd.
Korean translation rights arranged with Nippon Jitsugyo Publishing Co., Ltd.
through The English Agency (Japan) Ltd. and Duran Kim Agency

5가지 일센스를 키우는

생각
정리
습관

우부카타 마사야 지음 | 하진수 옮김

위북

생각 정리 습관이란 무엇인가?

생각 : 사물을 헤아리고 판단하는 작용

정리 : 흐트러지거나 혼란스러운 상태에 있는 것을
　　　　한데 모으거나 치워서 질서 있는 상태가 되게 함

습관 : 어떤 행위를 오랫동안 되풀이하는 과정에서
　　　　저절로 익혀진 행동 방식

**"물건을 정리하는 것은 과거와 미래의 생각을
정리하는 것이다."**

세계적인 정리 컨설턴트 곤도 마리에의 말이다.
그는 어릴 때부터 잡지에 나오는 정리 정돈법을 따라 하면서
자신만의 정리법을 완성했다.
그가 가장 중점을 두는 것은 바로 한번 정리하면
두 번 다시 어지럽히지 않는 것이다.
사람들은 큰맘 먹고 정리를 했다가도
곧 다시 어지럽히는 상태로 돌아간다.
그것은 바로 정리 습관이 들지 않았기 때문이다.

아무것도 없는 상태에서
좋은 아이디어가 쉽게 떠오를 수 없다.
평소 머릿속에 정리된 지식과 경험을 활용하여
아이디어를 생각해내는 것이다.
뉴턴도 사과가 나무에서 떨어지는 것을 보고
자신의 지식과 결합해 새로운 법칙을 발견했다.

스티브 잡스가 아이폰을 구상하기 전
가장 먼저 한 것은 불필요한 업무 정리였다.
업무를 단순화해야 세상에 없는 놀라운 제품을
만드는 데 집중할 수 있기 때문이다.
복잡한 형식과 절차를 줄이는 만큼
창의적인 사고에 투자할 수 있고
빠르게 성과를 낼 수 있다.
경쟁 사회에서 가장 중요한 것은
창의성과 속도이다.
2가지를 실현할 수 있는 방법은 바로
생각 정리 습관이다.

"당신은 왜 매일 똑같은 티셔츠만 입나요?"
어느 기자의 질문에 마크 저커버그는 이렇게 말했다.
"저는 최대한 단순하게 살려고 노력합니다.
사소한 일에 시간과 에너지를 낭비하지 않고
가능한 내 업무에 집중하기 위해서입니다."

버락 오바마 전 대통령은 자신이 회색이나
푸른색 정장만 입는 이유를 이렇게 말했다.
"나는 무엇을 먹을지, 무엇을 입을지에 관한
결정은 하고 싶지 않습니다.
하찮은 일에 신경을 쓰면서
이 시대를 헤쳐 나갈 수는 없습니다."

모든 일은 생각 정리에서 시작된다
5가지 일센스를 높이는 생각 정리 습관

1. 빈틈없고 치밀한 **기획力**

기획안을 제출하면 상사에게
"다른 자료도 가져와", "좀 더 양식을 다듬어봐"라는
말을 자주 듣는다.

↓

**아무리 마감기한이 짧아도
기획안을 척척 내놓는다.**

2. 누구보다 빠른 정보力

무작정 인터넷 검색부터 하는데
정작 쓸 만한 정보는 모으지 못하고 검색하느라 시간만 허비하고
허둥지둥 마감에 쫓긴다.

↓

**어떤 정보가 어디에 있는지를 알고
필요할 때 딱 맞는 정보를 곧바로 찾아낸다.**

3. 반박할 수 없는 **설득力**

"그래서 결론이 뭐야?"
"이 아이디어를 채택해야 하는 이유가 뭐지?"라는
말을 자주 듣는다.

**설명을 듣는 상대가 자주 고개를 끄덕이고
내가 원하는 방향으로 결정할 때가 많다.**

4. 당당하고 명확한 **전달力**

회의는 그저 있으니까 참석하고 주로 듣기만 한다.
가끔 할 말이 떠올라도 번번이 타이밍을 놓친다.

**회의가 지지부진한 상태에서
결정적인 발언으로 분위기를 전환하고
실마리를 제공한다.**

5. 어디서나 번뜩이는 **발상力**

"뭔가 좋은 아이디어 없나?"라는 말을 들으면
갑자기 머릿속이 복잡해지고 막막하다.

**지하철이나 자동차로 이동 중일 때,
밥 먹을 때, 자려고 누웠을 때도
탁! 하고 아이디어가 떠오른다.**

생각을 정리해야 한다는 것은 행동으로 옮기기 전에 실행을 위한 설계도를 만들어야 한다는 뜻이다. 그때그때 되는 대로 일을 처리하면 시작은 빠르겠지만 완료하기까지 몇 번이나 수정을 하게 된다. 결국 들인 시간에 비해 결과물의 질은 떨어질 수밖에 없다.

어떻게 진행해야 할지 생각을 정리하고 실행에 옮기면 처음에는 조금 시간이 걸리더라도 중간에 수정할 일이 없으니 결과적으로는 더 빠르고 완성도도 높다.

세상에는 여러 가지 생각 정리법이 있다. 그중 '내게 맞는지', '당장 처리해야 할 업무에 맞는지'를 고려하여 선택하는 것이 중요하다.

어떤 생각 정리법이든 익히고 적용하면 된다고 생각하는데, 자신에게 맞지 않는 것도 있게 마련이다. 먼저 익숙한 생각 정리법이나 업무 처리 방법이 지금 하고 있는 업무에 맞는지 점검해본다. 모든 상황에 자신의 특기로만 대응할 수는 없기 때문이다.

예를 들어 자신이 논리적 사고가 뛰어나다고 해서 아이디어 발상을 위한 프레젠테이션에서 논리적 관점에만 치중한다면 창의적인 아이디어가 떠오를 수 없다. 비즈니스에서는 '다양한 상황에서 세부적인 업무 순서를 어떻게 짜야 할지'를 정리하는 것이 중요하다.

이 책은 생각을 정리한 다음에 진행하면 결과가 어떻게 변하는지를 설명한다.

1장에서는 생산적으로 업무를 진행하기 위한 생각 정리법의 기본 자세를 다룬다. 2장부터 5장까지는 비즈니스 상황에 적합한 생각 정리법과 업무 처리 방법을 소개한다. 정석으로 알려진 생각 정리법도 소개하지만 '이 상황에서 어떤 방법을 취하면 좋을지'에 중점을 두었다.

매일같이 새로운 생각 정리법이 세상에 나오고 있고, 이를 소개하는 책도 무수히 많다. 단순히 생각 정리법을 잘 다루는 것보다 어느 상황에서 어떤 방법을 사용하면 좋을지 구별할 줄 알아야 한다. 이 책을 통해 상황에 적합한 생각 정리법을 구분해내는 안목을 갖추길 바란다.

우부카타 마사야

| 차례 |

CHAPTER 2 정보력을 높이는 생각 정리

CHAPTER 3 설득력을 높이는 생각 정리

CHAPTER 1

기획력을 높이는
생각 정리

언뜻 보면 소소하게 보일지 모르지만 적절한 생각 정리는 결과물을 극적으로 바꿔줄 것이다.

scene 01

기획안이 통과되는
진짜 이유

매 순간 이것보다 더 좋은 제안은 없을까 생각한다

 오류만 없으면 된다고 생각한다

✓ 정답을 내놓으려고 하지 마라

비즈니스 상황에서는 직책에 상관없이 판단을 해야 할 때가 있다. CEO뿐만 아니라 신입사원도 마찬가지다. '어떤 일부터 처리해야 할지', '고객 문의에 자신이 대답해도 될지' 등 판단해야 하는 순간들에 부딪힌다.

판단을 내려야 할 때 문득 '이게 맞나?' 하고 의구심이 든 적이 있을 것이다. 어떤 의미에서는 자연스러운 반응이다. 왜냐하면 지금까지 학교에서는 '맞는지, 틀렸는지' 정답으로 평가를 받았기 때문이다. 그러나 비즈니스 상황에서는 정답이 없다. 더구나 업무 수준이 올라갈수록 정답으로 평가할 수 없는 상황이 늘어난다.

예를 들어 고객에게 자사의 상품을 제안한다고 하자. 자신의 제안이 채택되었다면 그것은 정답일까? 제안이 채택되지 않았다면 오답일까? 실제로 제안이 채택되지 못한 이유는 '경쟁사의 제안이 더 매력적이라서', '이미 다른 상품을 검토 중이라서' 등이다.

제안이 통과된 이유도 '절대적으로 그것이 좋아서'라기보다 '다른 제안에 비해 상대적으로 좋아서'이다. 비즈니스 상황에서는 맞냐 틀리냐의 관점에서 업무를 평가하는 것은 위험하다.

✅ 기대를 만족하는지가 중요하다

그렇다면 어떤 관점에서 자신의 업무를 평가하면 좋을까? '질 높은 제안'을 했느냐가 중요하다. 고객에게 상품을 제안한 상황에서는 '경쟁사보다 매력적인 제안인지', '고객의 기대를 만족하는 제안인지' 등으로 평가해야 한다.

그렇다고 무리하게 정답을 추구하지 않아도 되니 부담 없다고 생각해서는 안 된다. 왜냐하면 정답이 있다면 그것을 맞히면 되지만 질이 높은 제안은 한계가 없기 때문

이다. 제안이 채택되기만 하면 된다는 생각이 아니라 늘
더 좋은 제안은 없는지 생각해야 한다.

제안을 내놓는 것은 끝없는 여정이다. 때로는 자신 있게
내놓은 답을 다시 한 번 검토하고 처음부터 다시 시작해야
하는 경우도 있다. 지금 이대로도 충분한데 굳이 그래야
하는지 회의적인 생각이 들기도 할 것이다. 그러나 이것을
뛰어넘어야 더 좋은 제안을 떠올릴 수 있다.

정답을 추구하다 보면 종종 틀리지 않으면 된다는 태도
를 취할 수 있다. 그렇게 되면 결과적으로 안이한 제안에
그쳐버리기 십상이다.

비즈니스에서 오답이 없는 것은 아니다. 예를 들어 고객
에게 상품을 제안하는 상황에서 중요한 데이터가 틀렸다
거나 다른 고객에게 제안할 것을 잘못 제시했다면 명백한
오답이다. 이런 제안서는 볼 것도 없이 아웃이다.

하지만 오류를 범하지 않는 것만으로 만족해서는 안
된다. 핵심은 '질 높은 제안'을 내는 것이다.

scene 02

데이터로 치밀하게
생각하기

사실과 데이터에 근거해 객관적으로 판단한다

- -

 순간순간 떠오르는 대로 판단한다

✅ 직감적으로 생각하기의 덫

대부분의 사람들은 자신의 경험에 근거하여 순간적으로 판단하는 경향이 있다. 그 자리에서 번뜩 떠오르는 아이디어를 곧바로 실행하기도 한다. 이런 것을 직감이라고 한다.

물론 통상적인 업무는 순간순간 떠오르는 직감으로 진행해도 큰 문제가 없다. 지금까지의 경험이 전혀 통용되지 않는 상황은 거의 없기 때문에 직감에 의존하는 게 결코 나쁜 것은 아니다.

고객이 얼굴을 찡그리면 뭔가 불만이 있다고 직감한다. 이것은 지금까지의 경험으로 불만을 품은 고객은 얼굴을 찡그린 경우가 많았기 때문이다.

하지만 경험을 토대로 직감적인 판단을 내려서는 안 되는 상황이 있다. 직감은 말 그대로 순간적으로 떠오르는 생각이다. '그때 이런 일이 있었지' 하고 느긋하게 기억을 더듬을 수 없다. 그러다 보니 비슷한 경험을 떠올리거나 착각을 할 우려가 있다.

직감이 아닌 '사실'과 '데이터'에 근거해야 하는 경우가 있다. 인간의 경험으로 판단 가능한 범위는 한정되어 있다. 그 경험이 타당한지 확인할 수 있는 사실이나 데이터를 살펴봐야 한다.

✅ 비교할 만한 수치를 제시하라

사람들은 어떤 정보를 입수했을 때 주관적으로 판단을 내린다. 예를 들어 후배가 실수를 하면 '원래 일을 잘 못해', '덩달아 나까지 피해를 입었어' 하고 자기 입장에서 받아들인다. 이처럼 주관적 해석에 치우치다 보면 편견이나 오해를 불러일으키기 쉬우므로 가능한 빨리 객관적으로 파악할 필요가 있다.

비교 가능한 수치가 있어야 한다

A군의 실수
5회

A군이 실수를 많이 저지르는지 알 수 없다.

비 교

A군의 실수	B군의 실수
5회	3회

B군에 비해 A군의 실수가 많다.

객관적으로 파악할 때 필요한 것이 '다른 것과 비교'하는 것이다. 다른 수치와 비교 가능할 때 객관적 수치가 된다.

후배가 실수를 했을 때 '다른 후배에 비해 실수가 많은 편인지', '이번 실수가 다른 상황에 비해 더 안 좋은지', '다른 업무에서도 자주 실수를 저질렀는지' 등을 객관적으로 살펴봐야 한다. 그러면 앞으로 어떻게 대응해야 할지 알 수 있다.

사실이나 데이터도 비교를 통해 객관적으로 파악하면 주관적 해석에 치우치지 않고 논리적인 결론을 낼 수 있다.

scene 03

시간이 부족한데
빨리 결과물을 내는 법

결론을 먼저 생각하고 나서 행동한다

- -

 시간이 없으니 일단 실행한다

⊘ 우선 모은 정보로 중간 결론을 내린다

매일 업무에 쫓기다 보면 생각할 시간이 없다. '생각하는 것보다 행동하는 게 중요하다', '생각할 시간에 움직이는 것이 낫다'고 하는 사람들도 있다.

물론 실행을 해야 결과가 나온다. 하지만 아무것도 생각하지 않고 조건반사적으로 행동하면 예상치 못한 실수를 저지르거나 쓸데없는 일을 반복하기 십상이다.

상사가 시키는 대로 자료를 제출했는데 "다른 자료도 가져와", "좀 더 양식을 다듬어서 제출하게"라고 몇 번 수정하다 보면 다음 날이 되어서야 통과된다. 이것은 상사의 지시에 조건반사적으로 행동했기 때문이다.

지시를 내린 배경이나 의도를 확인하면서 어떤 자료를

제출해야 할지 정리하면 보다 빨리 통과될 수 있다.

생각하느라 시간을 보내다 보면 빨리 실행할 수 없다고 반문할지 모른다. 다양한 데이터나 정보를 모아서 차분히 정리하려면 시간이 걸릴 뿐 아니라 데이터나 정보가 충분하지 않으면 아무리 생각한들 좋은 답을 낼 수 없다는 것이다.

그런 선입견이 있으면 '아직 정보를 충분히 입수하지 못했으니 지금 단계에서 안이하게 결론 내리는 것은 위험하다'고 미루게 된다.

아무 생각 없이 조건반사적으로 행동하는 것이나, 다양한 정보를 모아 제대로 생각하기 위해 결론을 미루는 것 모두 지양해야 한다. 여기에서 중요한 것이 가설 사고이다.

가설 사고란 데이터나 정보가 어느 정도 입수된 시점에서 가설을 세우는 것이다. 데이터나 정보가 완전히 갖춰질 때까지 기다리는 것이 아니다. 지금까지 입수한 데이터를 토대로 하면 이러한 결론이 된다는 식으로 그때마다 가설을 세워 행동에 옮긴다. 가설이 적절한지를 확인하면서 필요에 따라 가설을 수정한다.

가설 사고로 항상 그 시점에서 최선의 답을 도출하면 실행 단계에서 재빨리 결론을 도출해 행동에 옮길 수 있다. 그때그때 즉흥적으로 행동할 필요 없고, 어떻게 행동하면 좋을지 생각하는 데 시간이 걸리지도 않는다.

✔ 일단 가설을 세우고 검증해나간다

가설 사고는 대량의 데이터를 정리할 때 진가를 발휘한다. 대량의 정보를 수집하는 데는 시간이 걸린다. 모두 입수했다고 해도 방대한 정보를 어떻게 다룰지 엄두가 나지 않는다. 이때 일부 사실이나 데이터로 일단 가설을 세우고, 나머지 사실이나 데이터로 검증하면 된다.

예를 들어 회의실이 비어 있는 날이 없어서 회의를 줄이고 싶다고 하자. 이때 '쓸데없는 회의는 그만두자'고 의견을 낸들 회의가 줄어들 리 없다. 또는 현재 어떤 회의가 열리고 있으며 각각 어느 정도 시간이 소요되고 있는지 비교하거나 모든 직원을 대상으로 회의가 길어지는 이유를 조사하려면 시간이 너무 오래 걸린다.

전체 직원 중 몇 명의 이야기를 들어보고 어떤 회의가

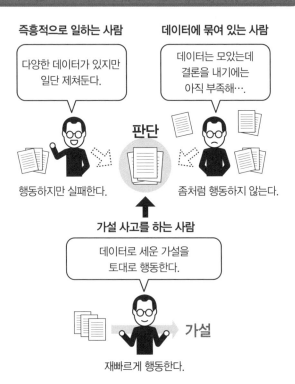

가설 사고를 하면 판단이 빨라진다

즉흥적으로 일하는 사람

다양한 데이터가 있지만 일단 제쳐둔다.

행동하지만 실패한다.

데이터에 묶여 있는 사람

데이터는 모았는데 결론을 내기에는 아직 부족해….

좀처럼 행동하지 않는다.

판단

가설 사고를 하는 사람

데이터로 세운 가설을 토대로 행동한다.

가설

재빠르게 행동한다.

많은지, 쓸데없는 회의는 없는지 가설을 세운다. 가령 '메일로 공유해도 되는 사안까지 회의에서 이야기한다'는 의견이 나왔다면 '정보 공유는 메일로 하고 논의할 사항에 대해서만 회의한다'는 대응책을 세울 수 있다. 그리고 다른 사람들의 이야기를 들어보고 가설로 세운 대응책이 맞는지 확인한다.

이처럼 정보나 데이터를 어느 정도 입수한 시점에서 가설을 세우고 그것을 토대로 행동한 다음 추가로 입수한 정보나 데이터로 가설을 확인하면 재빠르게 행동을 취할 수 있다.

그렇다고 해서 가설은 가설일 뿐이라고 어림짐작을 하는 것은 조건반사적으로 행동하는 것이나 다름없다. 비록 시간과 정보가 한정되어 있다고 해도 최대한 활용해서 최선의 대응책을 찾아야 한다.

시간이 없으니 일단 실행하자는 태도는 속도는 빨라 보여도 결과적으로 시간 낭비가 크다. 시간을 아끼고 싶다면 절차에 따라 가설을 세우고 충실하게 실행해야 한다.

scene 04

마감기한도 맞추고
완성도도 높이는 법

대충이라도 완성하고 계속 수정해나간다

 마감기한까지 최대한 끌어안고 있다

✅ '나밖에 못하니까'라고 착각하는 사람

혼자 업무를 끌어안고 팀 전체에 폐를 끼치는 사람이 있다. 일을 분담해서 진행하면 빨리 끝날 텐데 '나밖에 못하니까'라며 다른 사람에게 도움을 청하지 않는다. 마감을 한참 지나서 겨우 내놓지만 기대한 결과물이 아니어서 처음부터 다시 시작해야 한다.

업무를 혼자 끌어안고 있는 가장 큰 이유는 '납득할 만한 제안이 나오기 전에는 제출하지 않는다'고 생각하기 때문이다. 얼핏 책임감 있어 보이지만 같은 팀원이 보기에는 업무 진행이 늦어질 뿐 아니라 결과물도 만족스럽지 않다. '이왕이면 함께해서 완성도를 높입시다'라는 것이 다른 팀원들의 심정이다.

함께 일한다는 발상이 중요하다. 기획이든 자료 조사든 혼자 끌어안고 있으면 좀처럼 완성도가 올라가지 않는다. 자신의 선입견에 사로잡히기 때문이다.

견해를 바꿔보자. 팀원의 시각이나 조언을 받아들이는 것이다. 어느 정도 진척되었을 때 팀원과 공유하면서 의견을 모으면 빠르게 완성도를 높일 수 있다.

✅ 완성되지는 않았더라도 일단 끝낸다

마무리한 보고서나 제안서를 며칠 후 다시 봤을 때 고치고 싶은 부분이 곳곳에 눈에 띈 경험이 있을 것이다. 어느 정도 시간이 지나면 편견이 희미해져서 냉정한 시각으로 보기 때문이다. 완성 후 잠시 놔두는 것을 '휴지하기'라고 한다. 팀원들과 공유하지 않고 잠시 휴지하는 것만으로도 완성도를 빠르게 올릴 수 있다.

그렇지 않아도 아슬아슬하게 마감을 지키는데 며칠간 휴지한 후 마무리했다가는 마감기한을 넘길 게 뻔하다. 그러지 않으려면 발상을 바꿔야 한다. 완성하기 전에 휴지할

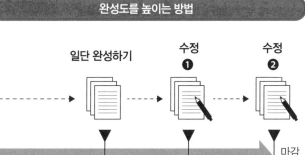

시간을 확보하는 것이다.

예를 들어 2주 안에 끝내야 하는 기획이 있다고 하자. 전날까지 완성하겠다고 일정을 짜는 것이 아니라 이틀간 휴지하기를 2회 반복하는 일정을 짠다. 마감 일주일 전에 완성도는 생각하지 말고 일단 기획안을 마무리한 다음 이틀간 휴지한 후 재검토하고 수정하는 과정을 2회 반복한다. 이렇게 하면 완성도가 훨씬 올라갈 것이다.

휴지하기를 넣으면 또 다른 장점도 있다. 상사가 "중간 보고를 하라"고 하면 일단 보여줄 수 있는 상태가 된다.

상사에게 유익한 조언을 받아서 더 좋은 방향으로 수정할 수도 있다. 마감에 맞춰 보여주면 상사가 조언을 해줄 수 없다.

휴지하기를 넣어 일정을 짜려면 완벽하지 않더라도 일단 손에서 놓아야 한다. 완성도가 높지 않아도 된다고 해서 제대로 생각하지도 않고 팀원들이 수정해주기를 바라는 것도 무책임한 자세다. 한정된 시간 내에 최선을 다하고 휴지하기로 완성도를 높인다는 마음가짐이 필요하다.

MEMO

scene 05

아이디어에
설득력을 더하는 법

아이디어 자체보다 상사가 판단할 수 있는
이유를 생각한다

 딱 봐도 좋은 아이디어는 무조건 채택된다고 생각한다

✅ 아이디어의 대부분은 '이유'로 평가된다

상사는 단순히 기획서 내용만 보고 판단하는 것이 아니다. 제안서 내용만 보고 즉각적으로 결정할 리 없다. 누가 봐도 정말 대단하다 싶은 아이디어는 거의 없기 때문이다.

그렇다면 상사는 무엇을 토대로 아이디어 채택 여부를 판단할까? 바로 '그 아이디어가 좋은 이유'다. 이유가 타당하면 채택될 가능성이 높고, 제대로 이유를 설명하지 못하면 안타깝게도 사장될 것이다. 아이디어가 채택되려면 아이디어 자체만 생각해서는 안 된다. 반드시 이유를 설명해야 한다.

✓ 상대가 알고 싶은 것을 대답한다

그렇다면 어떤 이유를 설명해야 아이디어가 채택될까? 상사는 어떤 이유를 들어야 아이디어를 채택할 마음이 생길까? '이것만 알면 판단이 선다'고 하는 사항일 것이다. 따라서 '상대가 판단하기 위해 알아야 할 것'을 제대로 설명하면 된다.

사람들은 자신의 아이디어가 얼마나 옳은지를 설명하려고 한다. 하지만 과연 상대가 납득할 수 있을까?

상대가 채택할 마음이 없는데 여러 가지 이유를 계속 말한다면 그것은 설명이 아니라 강요가 될 수 있다. 이유처럼 보여도 이유가 아닌 것도 많다.

✓ 이유인 듯 이유 아닌 설명은 집어치운다

기획 내용을 이유라고 말하지 마라

기획 내용을 이유라고 말하는 사람들이 많다. 예를 들어 '젊은 여성이 타깃'인 기획이라면 "20대 여성의 니즈를 충족한다"고 설명하는 식이다.

물론 기획 내용을 제대로 이해하지 못한 상사가 "젊은 여성을 타깃으로 하면 뭐가 좋지?", "왜 이 기획이 젊은 여성을 타깃으로 하는 것이지?"라고 물어보면 기획 내용을 단순히 설명할 수밖에 없다. 하지만 기획한 이유를 말해야 하는 상황에서 내용 설명은 불필요하다.

사실만을 말하는 것은 의미가 없다

기획 아이디어는 사실을 토대로 해야 하지만 단순히 사실만 설명해서는 안 된다. 예를 들어 '아침 자기계발 지원' 기획에 대해 "이 지역에서 아침 자기계발을 시작한 사람이 수백 명입니다"라고 설명하면 "그래서 무엇을 말하고 싶은 건가?"라는 의문이 들 것이다. 상대에게 그 답까지 찾아내라고 할 수는 없다. 상대는 '내가 왜 이런 것까지 생각해야 해?'라고 생각할 것이다.

"지금 제안한 아침 자기계발 지원 서비스 타깃층이 충분합니다"라는 이유까지 설명해야 한다.

이유와 기획을 '～때문에'로 연결해서 명확하게 설명한다

이유를 어떻게 설명해야 할지 모르겠다면 이유와 기획을 '～때문에'로 연결해서 말해보자.

"비용 삭감으로 이어지기 때문에 이 제품을 도입해야 합니다."

"야근 시간 축소를 기대할 수 있기 때문에 업무 시간을 30분 앞당깁시다."

이처럼 기획 내용이 이유와 자연스럽게 연결되면 문제 없다.

MEMO

scene 06

목표가 단순해야
실행하기도 쉽다

'SMART'에 맞춰 명확한 목표를 세운다

- -

 목표는 회사나 상사가 정해주는 것이다

✅ 목표는 업무의 커트라인

새로운 프로젝트를 맡았을 때 회사가 정한 목표를 전달받고 그대로 진행하는 사람들이 있다. 물론 목표를 세우지 않고 수동적으로 전달받아도 업무를 진행할 수는 있다. 하지만 주어진 일만 처리하기 십상이다. 목표는 주체적으로 세워야 적극적으로 실행할 수 있다.

도대체 목표란 무엇일까?

목표란 한마디로 달성해야 하는 커트라인이다. 목표를 달성하면 프로젝트는 합격이고, 목표를 달성하지 못하면 불합격이다. 회사에서 정해준 목표를 그대로 받는 것은 합격 여부를 타인에게 맡기는 것과 같다.

커트라인은 흑백이 확실하다는 것이 핵심이다. 합격이

기도 하고 불합격이기도 한 애매모호한 목표는 성과에 아무런 도움이 되지 않는다.

'업무에 전력으로 몰두하기' 같은 목표는 어떨까? 전력을 다해서 목표를 달성했다고 생각하는 사람이 있는가 하면, 미흡하다고 생각하는 사람도 있다. 객관적으로 판단할 수 없는 것은 잘못된 목표다.

✅ 목표 설정에 꼭 필요한 'SMART'

비즈니스 상황에서는 목표를 설정할 때 'SMART'를 염두에 두자. 스마트한 목표를 세우자는 의미가 아니라 적절한 목표를 설정할 때 주의할 사항의 머리글자를 딴 것이다.

S : Specific(구체적인)

목표 단위를 특정한다. '향후 3년간의 목표'와 같이 목표 단위가 크면 어느 부분은 달성해도 다른 부분은 달성하지 못할 수 있다. 그렇게 되면 목표 달성 여부를 판단할 수 없다. 목표 단위를 3개월 정도로 좁혀서 설정하는 것이 좋다. 그 기간 내에 구체적인 목표를 세우고 어디에 우선 순위를 둘지 생각하는 것도 중요하다.

M : Measurable(측정 가능한)

목표를 커트라인으로 정하는 가장 간단한 방법은 수치화하는 것이다. 수치를 달성하면 목표를 달성하는 것이 된다. 수치화하면 어느 정도의 목표를 설정해야 할지, 다른 사람에 비해 자신은 어느 정도인지 가늠하기 쉽다.

물론 모든 업무를 수치화할 수는 없다. 그래도 최선을 다해 달성했는지 판단할 수 있는 수치를 정해야 한다.

A : Achievable(도전적인)

성장할 수 있고, 능력을 최대한 발휘할 수 있는 목표를 설정해야 한다. 목표는 너무 간단해도, 너무 어려워도 성장으로 이어지지 않는다. 너무 간단하면 노력할 필요가 없고, 너무 어려우면 의욕이 생기지 않는다. 현재의 본인 실력보다 조금 높은 수준의 목표를 설정하면 조금 더 애써보자며 의욕적으로 몰두할 수 있다.

R : Related(관계 있는)

아무리 도전적이고 수치화된 목표라도 자신의 업무와 그다지 관련 없다면 개인이든 조직이든 의미가 없다. 자칫 엉뚱한 곳에 중점을 두고 헛수고할 우려도 있다.

설정한 목표가 자신에게 주어진 일과 직접적인 관계가 있는지 확인해야 한다.

T : Time Bounded(명확한 기한 설정)

비즈니스에서는 시간이 중요하다. 당연히 목표도 기한을 설정해야 한다. 기한이 없으면 달성하지 못할 일이 없다. 기한 내에 달성해야 되기 때문에 목표는 도전할 만한 것이다.

✅ 목표는 스마트하고 심플하게

SMART를 유념하면 목표가 단순해진다. 예를 들어 '이번 분기에 10건의 신규고객 확보하기', '2개월간 경비를 전년 대비 15% 삭감하기', '이번 분기에 내가 주최하는 회의의 평균 시간을 60분 이내로 하기' 등이다. 보기에는 단순하지만 커트라인을 진지하게 생각한 흔적이 있다.

　최종적으로 자신이 할 수 있는지, 너무 쉽지 않은지, 자신의 성장에 도움이 되는지, 조직이 지향하는 것과 맞는지 등을 생각하고 고민해야 한다. 그래야 실행하는 과정에서 우왕좌왕할 일이 없다.

scene 07

마무리 후에 다시
정리해야 하는 이유

기획안 완성 과정을 다시 한 번 정리한다

 일단 끝난 프로젝트는 돌아보지 않는다

⊘ 스스로 평가하는 시간

계획한 기획안이나 프로젝트가 끝나면 어떻게 하는가? 보통은 곧바로 다음 업무에 들어가거나 미뤄뒀던 다른 기획안을 시작한다. 물론 언제까지 성취감이나 여운에 젖어 있을 수는 없지만 되돌아보는 것도 중요하다.

'되돌아보기'는 업무 관리 사이클 PDCA(Plan=계획, Do=실행, Check=평가, Action=개선) 중 C에 해당한다.

마무리한 일을 다시 한 번 돌아보면서 잘한 부분이나 개선할 점을 파악하면 다음에 착수하는 업무의 질을 높일 수 있다.

정상까지 올라가는 것뿐 아니라 무사히 하산해야 마침내 등산이 끝난다. 업무 성과와 직접적으로 연결되는 것은 아니지만 되돌아보기까지 업무로 생각해보자.

☑ 되돌아보기의 효과

자신이 어떻게 업무에 몰두했는지 과정을 돌아보면 어떤 점을 잘했는지 파악하고 다음 업무에 활용할 수 있다.

예를 들어 기획서 작성 업무를 되돌아본다고 하자. 기획이 통과된 시점을 돌아보는 것이 아니라 어떤 과정을 거쳤는지를 돌아본다. 어떻게 해서 기획 아이디어를 떠올렸는지 생각해보면 다른 아이디어를 떠올려야 할 때 활용할 수 있다. '다른 사람과 협력했는가?' '원활하게 협력해주었는가?' '기대한 만큼 협력해주었는가?' 등을 되돌아보면 어느 시점에서 어떤 부탁을 하면 좋은지 참고할 수 있다.

업무 경험을 통해 스스로 성장하고 배워나가지만 무조건 경험을 쌓는다고 해서 성장하는 것은 아니다. 개선할 점을 찾아서 다음 업무에 적용할 때 한 단계 더 발전할 수 있다. 잠깐 돌아보는 것만으로 업무의 질을 높일 수 있다.

업무 관리 사이클

업무가 끝나면 되돌아보기(평가)를 해서
개선할 점이 무엇인지 파악한다.

scene 08

생각의 폭을 넓히는 법

다양한 사람들의 입장에서 생각한다

 융통성이 없고 고지식하다는 말을 자주 듣는다

⊘ 관점, 시야, 시점을 바꾼다

'요령이 없다', '융통성이 없다'는 말을 들어본 적이 있는가? 나는 신입사원일 때 선배로부터 그런 말을 자주 들었다. 나름대로 유연해지려고 애썼지만 실수를 하지 않으려는 마음이 앞서 시각이 굳어버린 것이다. 대개 경험이 얕은 사람이 그러기 쉽다.

신입사원이라도 모든 일을 여러 각도에서 파악하려는 노력이 필요하다. 우선 반강제적으로 시각을 바꿔보자. 키워드는 관점, 시야, 시점이다. 시각은 높이, 폭, 각도를 바꿈으로써 크게 달라진다. 시각의 높이를 관점, 폭을 시야, 각도를 시점이라고 한다.

관점을 높인다

예를 들어 현장 담당자와 경영자는 같은 상황도 다르게 보는데, 이것은 관점이 다르기 때문이다.

자신의 부서에 1명이 증원된다고 하자. 경영진의 관점에서는 그 부서에 투자하는 것으로 받아들일 수 있다. '회사는 우리 부서가 제대로 해주길 바란다'고 생각하는 것이다.

부서 팀장의 관점에서 보면 전력이 증강되었다고 받아들여 '여러모로 신경 써야 할 것이 많다'고 생각할지도 모른다.

팀원의 관점에서 보면 업무를 분담할 상대가 늘었다고 받아들여 '일을 좀 덜 수 있겠다'고 생각한다.

이처럼 똑같은 상황이라도 직책에 따라 다르게 받아들인다. 평사원이 굳이 경영자의 입장에서 생각해야 하느냐고 반문할 수도 있다. 하지만 경영자의 관점으로 보면 일을 대하는 자세가 달라진다. 단순히 일이 편해지겠다고 안심하는 것이 아니라 투자한 만큼 성과를 제대로 내야겠다고 마음먹을 수 있기 때문이다.

시야를 넓힌다

시야에는 공간축과 시간축이 있다. 공간축은 대상을 넓게 파악한다는 의미다. 예를 들어 작년 실적 대비 큰 변화가 없는 영업소가 있다고 하자. 확실히 그 영업소만 보면 변화가 없지만 근처 영업소의 실적이 늘었다면 성장을 따라가지 못한 것이다.

공간축 시야가 좁은 사람은 독선적인 행동이나 발상을 하기 십상이다. '우리 부서만 괜찮으면 돼', '결국 나만 좋으면 돼'라고 생각한다.

시간축은 목표 달성 기간을 어느 정도로 잡느냐 하는 것이다. 이번 달 목표, 1년 목표, 10년 목표에 따라 행동이 달라진다.

새로운 프로젝트의 팀원을 모집한다는 이야기를 들었을 때 이번 달이나 올해만 생각하면 '지금 하고 있는 업무의 연간 목표 달성에 쏟을 시간이 줄어드니 그만두자'고 결정할지도 모른다. 한편 장기적인 시야를 가지면 '연간 목표를 달성하기가 힘에 부칠지도 모르지만 장래를 위해 좋을 것 같다'고 결정할지도 모른다.

시점을 바꾼다

시점은 바라보는 각도이다. 장기 대국에서 상대가 자리를 떴을 때 상대 측 자리에 서서 장기판을 보는 기사가 있다. 이쪽에서 유리해 보이는 국면이 상대 쪽에서도 똑같이 보일지 시점을 바꿔 검토하는 것이다.

예를 들어 6개월 전보다 업무에 익숙해져서 야근 시간이 줄었다고 하자. 여유 시간으로 보면 '자유롭게 활용할 시간이 늘었다', 수입으로 보면 '야근비가 줄어서 여윳돈이 줄어들었다', 업무 능력으로 보면 '기술이 향상되고 성장했다'고 할 수 있다. 이처럼 하나의 사실도 여러 각도로 다양하게 평가할 수 있다.

✅ 입장 바꿔 생각하기

관점을 바꾼다는 것은 팀장이나 경영자의 입장에서 생각해보는 것이다. 시야를 바꾼다는 것은 몇 년 후 자신의 모습을 떠올려보는 것이다. 시점을 바꾼다는 것은 상대의 입장에서 생각해보는 것이다.

시각을 바꾸는 법

관점
Height

어느 높이에서 보는가?

시야
Field

어느 정도의 범위로 보는가?

시점
Point

어느 각도에서 보는가?

 얼굴을 마주하는 상대뿐 아니라 다양한 상대로 바꿔보면 그만큼 발상의 폭이 넓어진다. 발상이 굳어진 것 같다면 우선 관계 있는 사람, 상황에 따라 직접적인 관계가 없는 사람이 어떻게 바라볼지 상상해보자.

정보력을 높이는
생각 정리

지금은 정보 과잉 시대다. 심지어 거짓 정보까지 범람해 무엇이 진짜인지 가짜인지조차 구분하기 힘들다. 따라서 정보를 어떻게 다루는지가 업무 성과로 직결된다. 정보를 입수하는 대로 차례차례 모으는 것이 아니라 생각을 정리한 후에 정보와 대치하는 것이 핵심이다.

scene 01

쓸데없는 정보를 버려야
생각이 정리된다

차이점이나 특징에 따라 정보를 분류한다

 뭐든 좋으니 일단 무조건 검색하고 본다

✔ 정보의 종류도 무궁무진하고 수집 방법도 다양하다

자신이 원하는 데이터가 어떤 종류인지, 데이터를 어떻게 모을지 알면 정보를 수집하고 활용하는 데 시간 낭비를 하지 않는다. 필요한 데이터가 어떤 종류인지 모르면 쓸데없는 정보를 수집하거나 비슷한 데이터만 수집해서 잘못된 시각으로 결론을 내릴 우려가 있다. 뭐든 좋으니 일단 검색해서 나오는 대로 모으자고 하면 형태만 다른 비슷한 데이터만 수집해서 오히려 혼란만 가중된다.

정보를 정리하는 방법은 여러 가지 있는데, 비즈니스 현장에서 특히 중요한 2가지를 소개한다.

✅ 1차 정보와 2차 정보로 정리

1차 정보, 정보원이 중요하다

1차 정보는 직접 관찰한 것이나 인터뷰 등 가공되지 않은 정보를 말한다. 현장에서 직접 수집한 진짜 정보인 것이다. 하지만 이런 정보를 수집하기는 쉽지 않다.

1차 정보는 다른 사람에 의해 가공되지 않은 것이므로 비교적 정확하다. 하지만 1차 정보를 활용하려면 자신이 직접 가공해야 한다. 또 정보원에게 직접 들었다 해도 애초에 정보원이 간접적으로 들은 내용인 경우도 있다. 이런 것은 2차 정보와 다르지 않으므로 주의해야 한다.

2차 정보, 해석의 오류를 주의하라

2차 정보는 타인에 의해 가공된 정보다. 전형적인 2차 정보가 언론 기사다. 아무리 정보를 객관적으로 전달한 듯 보여도 불필요한 부분을 삭제한 것이다.

2차 정보는 대부분 공개된 것이기 때문에 입수하기 쉽고 어느 정도 알기 쉽게 가공되어 있다. 그러나 가공한 사람의 의도나 시각에 치우쳐 있다는 점을 염두에 두어야 한다. 아무리 객관적인 수치를 토대로 했다 하더라도 가공하는 방법이 왜곡되면 해석의 오류가 생길 수 있다.

입수한 정보가 1차 정보인지, 2차 정보인지를 구분하면 정보를 보다 더 적절하게 취급할 수 있다. 최근에는 1차 정보와 2차 정보를 구별하기가 더 어려워졌다. 예를 들어 인터넷 검색으로 얻은 정보도 얼핏 보면 1차 정보인지 2차 정보인지 알 수 없다.

1차 정보라고 생각했는데 다른 사람의 코멘트를 그대로 복사한 것일 수도 있으니 주의해야 한다.

⊘ 정량적 정보와 정성적 정보로 정리

정량적 정보, 객관적 수치를 제공한다

비즈니스에서 필요한 정보는 대부분 통계 데이터, 기업의 재무제표, 계산대에 기록되는 POS 데이터, 직원이나 고객에 대한 설문조사 등으로 정량화(수치화)되어 있다.

정량적 정보는 대량의 정보를 한눈에 보기 좋은 수치로

정리해 전체적인 경향을 파악하거나 객관적인 비교를 할 때 효과적이다.

정성적 정보, 디테일하게 파고든다

정성적 정보는 주로 문장으로 구성되어 있다. 구체적으로는 인터뷰 내용, 관찰 결과, 잡지 기사 등을 꼽을 수 있다.

정성적 정보의 특징은 생생함이다. 예를 들어 실제로 고객이 어떤 상황에서 제품을 사기로 결정하는지, 구매할 때 주변 상황이나 고객의 심정은 어떠했는지는 정성적 정보로 파악할 수 있다.

이러한 점 때문에 정성적 정보는 메시지를 전달하기 쉽다. 특히 생생한 목소리는 단어 선택이나 표현 방법으로 강한 메시지를 준다. 반면 특정 상황에 한정된 정보로서 통계 데이터처럼 전체 경향을 알 수는 없다.

정량적 데이터와 정성적 데이터의 특징

정량적 데이터

- 수치화된 데이터
- 통계 데이터, POS 데이터
- 대량의 정보가 간결하게 집약
- 전체적인 경향 파악, 객관적 비교 가능
- 생생함 부족

정성적 데이터

- 문자로 구성된 데이터
- 인터뷰 내용, 관찰 결과
- 강한 메시지
- 생생함
- 경향 파악 어려움
- 객관성 부족

✅ 어떤 종류의 데이터를 원하는가?

정보를 수집할 때는 1차 정보를 원하는지, 2차 정보여도 괜찮은지부터 정리해야 한다.

예를 들어 신상품 마케팅을 한다고 하자. 고객의 실태를 알기 위해서는 '30대 남성 ○%는 ○○을 좋아함' 같은 공개 정보로 어느 정도 경향은 알 수 있지만 구체적인 정보를 얻기는 힘들다.

몸에 딱 맞는 옷을 원하면 양장점에 가서 맞춰야 하는 것처럼 고객의 목소리를 더 자세히 알고 싶다면 타깃층에게 직접 물어봐야 한다.

처음에는 2차 정보에 접근하고, 방향이 잡히지 않을 경우에 1차 정보를 입수하는 흐름이 자연스럽다.

정량적 정보와 정성적 정보 중 어느 쪽이 필요하고, 어느 쪽을 입수할 수 있는지를 확실히 정리해야 한다. 정량적 정보를 입수해서 대략 경향을 파악하고, 구체적으로 알고 싶은 부분은 정성적 정보로 보완하는 방법도 있다.

MEMO

scene 02

넓고 얕은 지식이
정보력을 높인다

잘 모르는 분야도 흥미를 가지려고 노력한다

- -

 나하고 관련 있는 분야에만 관심을 가진다

✅ 검색 기술보다 중요한 활용 능력

정보 활용 능력은 정보 검색 기술 이상으로 습관의 영향을 많이 받는다. 똑같은 정보를 접하더라도 얼마나 활용하느냐가 크게 달라지는 것이다.

우선 폭넓은 분야에 관심을 두어야 한다. 다양한 분야나 데이터에 안테나를 세우고 있으면 뭔가 흥미로운 움직임이나 뉴스가 있을 때 민감하게 포착할 수 있다. 그러면 정보 활용의 폭이 넓어진다.

'선택과 집중이 중요하니 업무와 관계없는 정보는 신경 쓸 필요 없어', '가뜩이나 정보가 범람하는데 관련 없는 정보까지 모을 겨를이 없어'라고 생각하는 사람도 있다. 그렇게 되면 세상의 동향으로부터 동떨어지기 십상이다.

장기적으로 자신의 가능성을 닫아버리는 셈이다. 새로운 길로 가고 싶어도 그 분야를 접해본 적이 없으면 처음부터 다시 시작해야 한다.

✅ 다양한 분야의 정보를 접하는 법

호기심을 가진다

폭넓은 분야에 눈을 돌리려면 우선 호기심이 있어야 한다. 그저 부담 없이 '어디, 재미있는 게 없나?'라는 가벼운 마음으로 정보를 모으자.

호기심은 재미를 찾는 것이다. 똑같은 정보를 들어도 "그래?" 하고 끝나는 사람이 있다. 반면 "그거 재미있네?", "왜 그런 걸까?", "어떻게 된 거지?" 하고 반응하는 사람은 좀 더 파고들어 조사하거나 연동되는 정보를 더 찾아볼 것이다. 안테나를 세우는 분야도 넓어진다.

호기심을 가지려면 자신이 가진 지식과 정보를 연결해야 한다. '귀찮다', '어렵다', '나랑 관계없다'고 부정적인 생각을 품지 않으면 긍정적인 안테나를 세울 수 있다. 업무와 전혀 관련이 없거나 관심 없는 분야에 호기심이나 흥미를 가지기는 힘들다.

예를 들어 음료 영업을 하는 사람이라면 용기 소재인 알루미늄이나 폴리에스테르에 흥미를 품고 쓰레기, 재활용 등 환경 문제로 관심을 넓힐 수 있다. 이런 식으로 호기심이 업무나 관심 영역과 연결될 수 있는지가 중요하다.

관심 분야를 넓혀라

다양한 분야의 정보를 접하기는 쉽지 않다. 더구나 수많은 분야를 전부 섭렵할 수는 없다.

예의주시하고 있는 분야나 데이터를 몇 가지 정해두고 정점관측을 해보자. 1주에 1회, 2주에 1회 정도 그 분야의 정보를 확인해보는 것이다. 통계 수치도 좋고, 신문이나 잡지의 섹션 기사도 괜찮다. 그러면 지속적으로 같은 분야의 정보를 접할 수 있다.

흥미 있는 것뿐 아니라 자신 없는 분야도 살펴보자. 과학기술 분야에 자신 없다 하더라도 자신의 업무와 조금이라도 관련 있는 분야의 기사를 눈여겨보자. 예를 들어 의료, 환경 분야는 관심을 가질 만한 내용이 있을 것이다.

처음에는 내용 자체를 이해하지 못할 수 있다. 하지만 꾸준히 읽다 보면 자연스럽게 익숙해져서 어렴풋이 이해할 수 있는 범위가 넓어진다.

정점관측 분야와 데이터는 1년에 1회 정도 갱신하면 좋다. 정점관측을 1년간 계속하면 그 분야에 대해 '준전문가'는 되므로 1년 후에 정점관측을 그만둬도 배운 것을 순식간에 잊어버리지 않는다. 물론 1년 후에도 여전히 흥미가 있다면 정점관측을 계속해도 된다. 생뚱맞아 보이더라도 '우주' 같은 테마에 도전해보자.

준전문가가 되면 정점관측을 하지 않아도 관심 있는 정보에 자연스럽게 눈길이 간다. 그렇게 당신의 안테나를 조금씩 넓혀나갈 수 있다.

정점관측을 할 때는 주제를 고르는 방법에 주의해야 한다. 예를 들어 '프로그래밍', '블록체인', '사물인터넷IoT'과 같이 디지털 관련 테마에 너무 치우쳐서는 안 된다. 주가나 업계 동향, 정치·경제·사회, 미국이나 중국 등 세계 각지에서 일어나는 일, 미술이나 사상 등으로 관심 분야를 넓혀 그중 하나를 골라도 좋다.

자신의 지식이나 경험과 연결한다

폭넓은 정보를 접한다 해도 몇 가지 주제에 안테나를 세우는 것만으로는 점 상태에 불과하다. 점을 이어 선으로 만드는 것처럼 관계있는 것끼리 연결하는 과정이 필요하다. 그러면 다른 정보에 대한 감도가 높아진다.

자신의 지식이나 경험과 연결하면 정보의 의의와 중요성이 더욱 커지고 자연스럽게 관심이 생긴다. 꼭 업무와 관련 없어도 된다. 지금까지 살아오면서 얻은 지식이나 경험과 연결해도 좋다.

이때 지식이나 경험을 구체화할수록 연결하기가 쉬워진다. 예를 들어 최근 몇 년간 빈집이 증가했다는 정보를 접했다고 하자. 집 주변의 공실이 몇 건인지, 신축 아파트가 건설되었는지 떠올려보면 주택 현황을 알 수 있다.

사람들이 정보를 취사선택할 때는 의식적으로 골라내기보다 무의식적으로 필터링이 이루어진다. 그러므로 어느 정도 의식하지 않으면 정보의 감도를 높일 수 없다. 의도적으로 호기심을 가지고 정기적으로 해당 분야의 정보를 접해야 정보의 감도를 높일 수 있다.

scene 03

딱 맞는 정보를
최대한 빨리 찾는 법

어디에 어떤 정보가 있는지 미리 정리해둔다

 일단 포털사이트에서 검색부터 한다

⊘ 내 수준에 맞는 정보부터 공략하라

인터넷에서 정보를 검색했는데 너무 전문적인 내용이어서 무슨 말인지 이해할 수 없었던 경험이 있을 것이다. 어려운 내용을 오래 들여다본다고 해서 금방 이해되지는 않는다. 그보다는 좀 더 쉬운 정보를 찾는 것이 좋다.

정보 활용의 원칙 중 하나는 눈높이에 맞는 정보와 친해지는 것이다. 이해할 수 없는 정보에 연연하거나 다 아는 정보만 모으는 것 모두 비효율적이다.

무엇보다 중요한 것은 자신에게 맞는 수준의 정보를 찾는 것이다. 인터넷 검색을 했을 때 기초 정보를 다루고 있는지를 먼저 파악해야 한다. 처음 들어보는 전문 제품에 대한 기초 정보를 알고 싶다면 그 제품을 취급하는 기업의 채용 사이트를 보는 것이 좋다. 일반적으로 취업준비생이 알 수 있는 수준으로 설명되어 있으므로 대략 기초적인 내용을 파악할 수 있다.

이처럼 어디에 가면 어떤 정보를 입수할 수 있는지 알아두는 것이 중요하다. 큰 틀에서 '어디에 어떤 정보가 있는지' 찾을 수 있는 지침을 정리해둔다.

정보원에 따라 정보의 종류를 크게 3가지로 나눌 수 있다.

보도된 것

TV와 신문에서 뉴스로 보도된 것이다. 기업의 홍보자료도 해당한다. 보도된 정보는 신선도와 정확성이 중요하다.

집필된 것

글쓴이가 자신이 보고 생각한 대로 다시 정리한 것이다. 책이나 잡지 기사가 대표적이다. 신문이나 TV 뉴스에서 특집으로 취급하는 것은 집필에 해당한다. 뉴스라고 해서 전부 속보성이 있는 것은 아님을 주의해야 한다.

'어떻게 아이디어나 정보를 알기 쉽게 정리할지' 집필자의 독창적인 시점이나 편집 기술이 중요하다.

조사된 것

공공기관이나 민간기업이 조사한 1차 정보를 말한다. 이런 조사는 대중의 니즈에 관한 것이 많으므로 알고 싶은 정보와 합치된다면 손쉽게 1차 정보에 가까운 자료를 입수할 수 있다. 이런 정보는 조사 방법(대상자, 기간, 질문 방법)을 신뢰할 수 있는지가 중요하다.

✅ 정보원에 따라 접근법이 달라진다

정보원의 차이를 이해하면 어느 정보를 취할지 비교적 쉽게 알 수 있다. 잘 모르는 분야를 조사할 경우 전문적인 내용보다는 기초 정보부터 파고들어야 한다.

보도된 것(신선도는 높지만 상당히 단편적)이나 조사된 것(구체적이지만 무엇을 취해야 할지 모름) 중에 기초 정보가 있는 경우는 드물다. 집필된 것, 예를 들면 채용 사이트나 입문서 등을 찾으면 된다.

정보에 대한 개요와 최신 동향을 알고 싶은 경우에는 보도된 것, 즉 최근 신문 기사를 찾으면 된다.

기초 정보는 대략 알고 있고 좀 더 파고들고 싶다면 전문서적을 읽거나 전문가의 이야기를 직접 들어야 한다. 아무리 신문 기사를 찾아봐도 딱 맞는 정보를 만날 가능성은 거의 없다. 전문적인 수준은 해당 분야의 사람에게 직접 물어봐야 한다.

이때 그 분야에 정통한 사람이 누구인지 조사하는 것이 첫걸음이다. 물론 인맥을 활용할 수도 있지만 가장 간단한 방법은 집필된 것부터 조사하는 것이다. 예를 들어 학술정보 사이트나 구글 스콜라Google Scholar에서 알고 싶은 주제를 검색하는 방법이 있다.

정보를 수집할 때는 자신에게 딱 맞는 자료를 얼마나 빨리 입수하는지가 중요하다. '내가 어느 정도 알고 있는지', '알고 싶은 정보에 접근하려면 어디를 찾아봐야 하는지' 미리 알아두어야 한다.

MEMO

scene 04

정보 수집에도
발품이 필요하다

정보를 알 만한 사람을 찾아서 직접 인터뷰를 한다

 우선 설문 조사를 최대한 많이 한다

☑ 직접 정보를 만들어라

1차 정보는 기본적으로 세상에 공개되지 않은 것이다. 바꿔 말하면 1차 정보는 직접 만든 것을 말한다. 설문 조사나 청취 조사를 할 경우에 '우선 이야기를 들으러 가자', '일단 설문 조사를 해보자'는 생각으로는 원활하게 정보를 입수할 수 없다. 1차 정보를 효과적으로 입수하려면 어떻게 수집할지를 미리 정리해두어야 한다.

먼저 '모은 정보를 토대로 어떤 결과물을 원하는지' 목적을 명확하게 정해야 한다. 설문 조사나 청취 조사를 할 때 목적과 관계없는 질문은 의미가 없다. 그렇게 되면 단순히 관계자와 만났다거나 관계자가 답을 주었다는 것으로 끝나 버린다.

'단도직입적으로 알고 싶은 것부터 질문하는 것은 실례다', '흘러가는 대로 자연스럽게 진행해야 한다'며 목적과 관계없는 질문부터 시작하거나 뱅뱅 돌려서 하면 핵심적인 내용을 들을 수 없다.

✔ 필요한 정보를 얻지 못할 때를 대비한다

1차 정보를 입수할 때 예상외의 사태가 자주 발생한다. 목적을 명확히 정하고 미리 설계했다 하더라도 예상했던 정보를 입수할 수 없는 경우가 있다.

가장 많이 일어나는 경우는 정보가 충분히 모이지 않는 것이다. 설문 조사 응답이 충분하지 않거나 인터뷰를 청했는데 거절당한 것이 대표적이다. 그러면 다른 수단으로 정보를 입수할지, 정보를 입수하지 않아도 업무를 진행할 수 있는지 점검해보아야 한다.

특히 인터뷰할 때는 예상치 못한 사태가 자주 일어난다. '충분한 시간을 두고 진행하기 어렵다', '인터뷰 취지를 오해했다', '우리가 알고 싶은 것에 대해 상대가 잘 모른다'

이런 일들이 발생할 경우를 대비해 미리 대처법을 마련해 두어야 한다.

예를 들어 인터뷰한 상대가 유익한 정보를 가지고 있지 않다 해도 유익한 정보를 가진 다른 사람을 알고 있을지도 모른다. 그렇다면 인터뷰 도중에 어떤 사람이 정통한지 물어보고 새로운 사람을 소개받는 것도 하나의 요령이다.

1차 정보는 2차 정보에 비해 입수하는 데 확실히 품이 더 많이 든다. 2차 정보는 비용을 들이지 않고 쉽게 입수할 수 있지만 1차 정보는 상당한 비용과 시간이 든다. 사전 준비, 의뢰, 실제 인터뷰에 상당한 시간과 노력이 투여된다.

정보의 질을 높이려면 비용과 시간이 많이 들 수밖에 없으므로 대대적인 조사를 실행하려고 했는데 예산 부족으로 중단하는 상황이 발생해서는 안 된다.

몇 가지 조사 패턴을 상정해두고 경비, 기간, 예상외 요소를 감안하면서 어떤 패턴으로 조사할지 정하는 유연성이 필요하다.

scene 05

정보 관리도
습관의 문제

곧바로 쓸 수 있는 상태로 정리하면서 모은다

 곧바로 써먹을 수 있는 정보를 찾아서 닥치는 대로 모은다

✅ 정보 쓰레기를 만들지 마라

어느 정도 정보를 모았다면 그것을 정리해서 결과물을 만들어야 한다. 다양한 정보를 모았지만 제대로 정리하지 못해서 결과적으로 정보 수집에 들인 시간을 허비하는 경우도 있다.

정보 활용을 제대로 하지 못하는 사람은 다음 2가지 패턴에 빠지기 쉽다.

정보를 마구잡이로 수집한다

모은 정보를 그대로 사용하는 것이다. 자신이 알고 싶은 것과 연관 있는 문장이나 그래프를 발견하면 곧바로 자료에 첨부한다. 하지만 그대로 사용할 수 있는 정보는 거의

없다. 인터넷 검색으로 마구잡이로 수집하다 보면 쓸데없는 자료나 그래프만 잔뜩 모으게 된다.

이런 행동을 하는 이유는 '곧바로 쓸 수 있는 정보'를 원하기 때문이다.

정보가 아까워서 버리지 못한다

수집한 정보를 모두 사용할 수는 없지만 나중에 쓸 수 있을 것 같아서 남겨둔다. 정보는 많이 모일지 몰라도 초점이 맞지 않아서 정리하느라 시간을 낭비하게 된다.

이것은 사고법의 문제라기보다 습관의 문제다.

◉ 정보를 내 것으로 만들어라

정보를 수집할 때는 정보에 '적응하는' 단계가 필요하다. 예를 들어 처음 검색 결과에서 상위 사이트는 전부 훑어보는 것이다. 그 사이트에 나오는 정보에 익숙해지면 '자주 나오는 키워드', '세간에 주목받는 사람', '자주 인용되는 출처' 등을 알 수 있다.

더 깊이 알기 위해 어떤 검색 키워드를 사용해야 하는지, 어떤 사이트를 방문하면 좋을지 알아가다 보면 자신이 예상하지 못한 곳에서 원하는 정보를 발견하기도 한다.

정보 내용을 그대로 입력해보는 것도 좋은 방법이다. 눈으로 보는 것뿐 아니라 손을 움직이면 머릿속에 더 잘 들어온다.

통계 데이터는 엑셀 프로그램에 표로 입력하는 것도 좋다. 수치를 입력해서 정리하다 보면 점차 추이나 패턴까지 눈에 들어온다.

정보에 익숙해지면 다른 정보를 보고 금방 무슨 뜻인지 이해할 수 있다. 그리고 실제 데이터는 내 예상과 다른 이유가 뭘까 하는 의문이 든다. 데이터에 충분히 익숙해진 것이다.

정보에 '익숙해지는 것'은 '자신의 머리로 그 정보를 활용하기 위한 준비'라고 할 수 있다. 어떻게 가공해야 할지, 무엇을 버려야 할지도 알 수 있다.

속도를 중시하는 오늘날에 가장 간과하기 쉽지만 이 과정을 거치지 않으면 겉핥기식의 정보만 사용할 가능성이 있다.

✅ 쓸 만한 자료만 따로 정리한다

정보 수집에서 또 하나 중요한 것은 정보를 곧바로 사용할 수 있는 상태로 가공하는 작업이다. 이때는 가공 수준을 맞출 필요가 있다.

예를 들어 똑같은 분야의 정보인데 어떤 것은 즐겨찾기로 저장해두고, 어떤 것은 파워포인트 슬라이드로 정리해두었다고 하자. 실제로 정보를 활용할 때는 파워포인트 슬라이드만 사용하고 즐겨찾기를 해둔 정보는 까맣게 잊어버릴 것이다. 자칫 귀중한 정보를 발견하고도 활용하지 못할 수 있다.

나중에 사용하기 쉽도록 정리할 때는 양식에 구애받지 않아도 된다. 오히려 단순한 상태가 더 나을 수 있다.

예를 들어 마음에 드는 통계 데이터를 발견했다고 하자. 깔끔한 그래프로 만드는 것은 시간 낭비다. 데이터를 사용하는 방법에 따라 그래프의 종류가 달라지기 때문이다. 최소한의 선으로 그리면 된다. 마찬가지로 문장도 대략적인 내용과 어떤 주제인지 정리해두는 것만으로도 충분하다.

그다음에는 '어떤 주제인지', '어떤 부분을 쓸 수 있을지'

메모해두자. 애써 검색해놓고 며칠 지나서 잊어버린다면 찾아놓은 의미가 없다. 정보 수집을 할 때는 곧바로 쓸 수 있는 상태로 정리해두어야 한다.

scene 06

직감보다
데이터를 믿어라

예상했던 결과와 다른 부분은 구체적으로 파고든다

 내 예상과 다른 정보는 그냥 무시한다

✅ 예상과 다른 이유를 찾아라

데이터를 조사하거나 정보를 수집해보면 예상했던 것과 다른 내용이 있다. 그러면 그 데이터를 무시하게 된다. 수집 방법에 따라 데이터가 달라 보일 수도 있으니 여러모로 깊이 생각해봐야 한다.

어느 가게의 점장을 예로 들어보자. 아무래도 젊은 손님들이 많이 방문하니 상품 구매도 많이 할 것 같다. 그래서 점장은 타깃층을 더 넓히기 위해 중장년층을 상대로 판매 촉진 활동을 펼치기로 한다. 그러나 실제로 연령별 매출 데이터를 집계해보니 중장년층의 매출액이 젊은 층의 매출액과 크게 다르지 않았다. 이런 경우에 어떻게 하면 좋을까?

물론 매출 데이터에 문제가 있을 리 없고 점장의 감각도 잘못된 건 아니다. 데이터를 좀 더 상세하게 들여다보거나 자신의 감각을 점검해보면 둘 사이가 어긋난 원인을 찾을 수 있다.

예를 들어 연령별 매출액을 시간대로 나누어보자. 어쩌면 점장이 손님을 응대한 시간대에 특히 젊은 사람들의 구매가 많았는지 모른다. 점장이 손님을 응대하지 않은 시간대에는 중장년층의 매출액이 많을 수 있다.

연령별 매출을 고객 수와 객단가로 나눠 조사해보는 방법도 있다. 그러면 젊은 층은 구입하는 사람 수는 많아도 상품의 단가가 높지 않은 반면, 중장년층은 구입하는 사람 수는 적어도 구매 액수가 높을 수 있다.

⊘ 예상치 못한 정보에 아이디어가 숨어 있다

예상했던 결과와 다른 부분을 파고들면 상황을 더 정확하게 파악하고, 폭넓은 관점에서 보다 더 구체적인 전략을 세울 수 있다. 예를 들어 시간대별 고객층을 알면 시간대별로 진열하는 상품을 조금 바꾸는 것이다.

예상치 못한 정보는 아이디어를 확장할 기회를 가져다주므로 이런 상황을 잘 활용하자.

예상과 데이터가 늘 차이가 난다면 자신의 감각이 너무 치우쳐 있거나 데이터 수집 방법이 허술하거나 둘 중 하나다. 자신의 감각이 다른 사람과 어긋나 있지 않은지, 데이터 입수 방법이 적절한지를 제대로 점검해보자.

scene 07

가짜 정보와 진짜 정보를
분별하라

객관적인 데이터도 팩트 체크를 한다

 필요한 정보는 그대로 가져다 쓴다

✅ 정보를 '의심하는 것'도 정보 활용 기술이다

특히 가짜 정보가 판치는 시대에 인터넷에 게재된 정보를 그대로 믿었다가는 자칫 잘못된 정보에 휩쓸릴 우려가 있다.

예상과 맞지 않은 정보가 있다면 진짜인지 가짜인지를 의심해봐야 한다. 그러기 위해서는 '건전하게' 의심하는 방법을 익혀두는 것이 좋다.

그렇다면 정보의 어떤 점을 의심해야 할까? 입수한 정보를 다음과 같은 관점에서 의심해보면 팩트 체크를 할 수 있다.

어떻게 수집했는가?

정량적 데이터는 산출 방법에 대해, 설문 조사 같은 정성적 데이터는 수집 방법을 의심해야 한다. 그러면 정보로서 완성도가 높은지, 불확실한 부분이 많은지를 알 수 있다.

출처가 어디인가?

그 데이터가 어디에서 나온 것인지 알아본다. 보기 좋은 그래프를 발견했는데 어떤 자료를 토대로 한 것인지 알 수 없다면 가볍게 의심해보는 것이 좋다. 최근에는 정보의 출처를 명시하는 경우가 많다.

물론 출처가 명시되었다 하더라도 안심해서는 안 된다. 출처 자체가 신뢰할 수 있는 곳인지도 체크해야 한다.

예를 들어 정부가 간행한 보고서를 토대로 만든 데이터라도 무조건 믿지 말고 '출처의 출처'까지 따져 신뢰성을 확인해야 한다.

어떻게 가공되었는가?

데이터 출처도 신뢰할 만하고, 그래프와 함께 명확한 메시지도 제시되어 있다면 그대로 믿고 싶어진다. 하지만 그

그래프도 해석의 차이가 있다

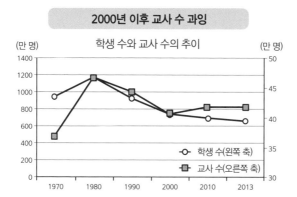

2000년 이후 교사 수 과잉

학생 수와 교사 수의 추이

데이터가 어떻게 가공되었는지 살펴봐야 한다.

특히 그래프는 작성자가 생각한 대로 보여주기 쉽다. 위의 그래프를 보자. 2000년 이후 교사 수가 학생 수를 웃돌고 있으므로 얼핏 교사 과잉인 것처럼 보인다. 그러나 교사 수의 눈금은 0부터 시작하는 데다 눈금을 찍는 방법도 가로축과 대응되어 있지 않다.

2000년에 우연히 교사 수와 학생 수의 그래프 위치가 겹쳐진 것뿐 실제로 균형이 맞는 것은 아니다. 그러나 그래프와 해설문이 있으면 마치 2000년에는 교사와 학생 수가 균형을 이뤘다가 이후에는 교사 과잉으로 보인다. 이와 같이 보는 사람이 혼동하는 일이 없도록 주의해야 한다.

그 밖에 그래프 종류를 고르는 방법부터 축 잡는 법, 배색 등 그래프의 설득력을 높이는 방법은 다양하다. 그래프에 얼마나 공을 들였는지 살펴보면 얼마나 설득력 있는지를 확인할 수 있다.

✔ 해석의 차이까지 고려한다

데이터를 이용해서 작성한 내용에도 의심의 시선을 던져보자. 정보원도 사람이다 보니 선입견이 들어갔을 수 있다. 특히 같은 내용의 뉴스라도 보도기관에 따라 긍정적으로 취급하거나 부정적으로 취급하기도 한다.

같은 회사 정보라도 경영자가 말하는 내용과 현장 직원이 말하는 내용이 다르기도 하다. 경영자와 현장 직원의 입장이 다르기 때문이다. 정보원의 시각에 대해서도 의심의 시선을 던질 필요가 있다.

✅ 합리적 의심이 필요하다

건전한 의심의 기준은 확실하지 않다. 다만 건전하지 않은 의심은 확실하다. 정보를 부정하거나 비판하는 것을 목적으로 의심하는 것이다. 예를 들어 정보의 세부 사항까지 의심하는 것은 쓸 수 없는 이유를 찾는 것처럼 보인다.

이렇게 되면 최종적으로는 의심한 정보를 전부 부정하게 된다. 결국 데이터를 모은 사람이나 작성한 사람에 대한 비판으로 이어지기 쉽다. 결코 생산적이라 할 수 없다.

오래전부터 '크리티컬 싱킹critical thinking', 즉 비판적 사고의 중요성이 강조되었다. 하지만 무조건 의심하고 비판하는 것은 어리석은 행동이다. 결과물에 영향을 줄 만한 합리적인 의심이나 비판하는 시선을 길러야 한다.

CHAPTER 3

설득력을 높이는
생각 정리

상대가 누구든 의미 있는 커뮤니케이션을 하려면 우선 생각 정리
를 해야 한다. 머릿속에 떠오른 것을 그대로 이야기해서는 의사
전달이 되지 않는다. 메일을 보내거나 프레젠테이션을 할 때도 마
찬가지다.

scene 01

결론부터 정리하라

결론을 먼저 말하고 이유를 설명한다

 기승전결에 따라 결론은 마지막에 말한다

✅ 상대가 이해하기 쉽게 전달하라

고객이나 거래처와의 미팅, 관계자에게 하는 보고, 회의 발언 등 상대방과 커뮤니케이션할 때 가장 신경 쓰는 점은 무엇인가?

'확실한 어조로 말하기', '너무 빠르게 말하지 않기' 등 여러 가지 대답이 나올 것이다. 아무리 옳은 말이라고 해도 날을 세우는 화법은 피하는 것이 좋다.

말하는 방식 못지않게 신경 써야 할 것은 말하는 순서다. 가장 좋지 않은 것은 생각나는 대로 말하는 것이다. 말하는 사람은 이러한 순서가 편하다. 하지만 듣는 사람은 이야기 전개를 따라가지 못해 무슨 말을 하는지 이해할 수 없다.

생각나는 대로 말하는 것은 자신의 사고 프로세스를 말하는 것과 같다. 상대방이 알고 싶은 것은 결론이다. 그러므로 말하기 전에 어떤 순서로 무엇을 이야기하면 좋을지 정리해둘 필요가 있다.

✅ 끝까지 들을 시간이 없다

프레젠테이션 상황에서 "기승전결이 없잖아"라고 말하는 사람이 있다. 기승전결은 마지막에 결론을 말하는 방식이다.

그러나 기승전결이 정말 필요할까? 비즈니스 상황에서 '기', '승', '전'은 불필요한 단계일 수 있다. 기승전결이 있느냐 없느냐로 피드백하는 사람의 열에 아홉은 "(기승전결로 되어 있지 않으니까) 깊이가 없다"고 생각한다. 그렇다면 프레젠테이션에서 깊이가 중요할까?

비즈니스 현장에서 상대방이 가장 알고 싶은 것은 결론이다. 마찬가지로 상대방에게 말하고 싶은 것도 결론이다. 그렇다면 우선 결론부터 전달하는 것이 좋다.

기승전결 방식은 상대방이 무엇을 말하고 싶은지 끝까지 들어야 알 수 있다. 시간제한이 있는 상황이라면 결론에 이르기도 전에 시간을 다 써버리는 셈이다.

✅ 결론부터 말하는 습관

우선 말하기 틀을 새로 정하고 그 틀에 맞춰 이야기해보자. 처음에는 조금 거북할지 모르지만 익숙해지면 자연스럽게 결론부터 이야기할 수 있다.

유럽과 미국의 프레젠테이션 방식으로 널리 알려진 것 중 하나가 'PREP'이다.

우선 결론Point을 서술한 다음에 이유Reason를 이어나간 후 해당하는 사례Example를 소개하고 마지막에 결론Point을 반복하는 것이다.

PREP에 맞추면 처음부터 결론이 나오고 마지막에 반복해서 결론을 말하므로 강조하는 효과도 있다.

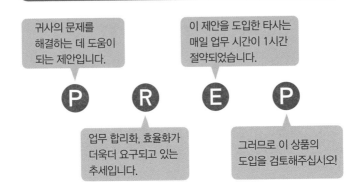

설득력을 높이는 PREP 화법

귀사의 문제를 해결하는 데 도움이 되는 제안입니다.

이 제안을 도입한 타사는 매일 업무 시간이 1시간 절약되었습니다.

P R E P

업무 합리화, 효율화가 더욱더 요구되고 있는 추세입니다.

그러므로 이 상품의 도입을 검토해주십시오!

✅ 결론부터 말하면 대화의 주도권을 쥘 수 있다

하지만 단도직입적으로 결론부터 말해버리면 너무 급작스럽게 느껴진다. 듣는 사람은 마음의 준비가 되어 있지 않기 때문이다. 그러므로 결론을 들을 준비를 할 수 있는 짧은 서론이 필요하다. 서론이 끝나고 결론을 말한 다음에 이유를 설명하는 것이다.

고객에게 제안할 때 느닷없이 "우선 결론부터 말씀드리겠습니다. 제가 제안드릴 시스템을 도입해주세요!"라고 말한다면 어떻게 될까? 너무 저돌적이라서 뭔가 어색한 상황이 될 것 같다.

처음에 설명하는 결론은 상대방이 다음 이야기를 듣고 싶어 할 만한 내용이어야 한다.

고객에게 제안하는 상황을 다시 예로 들어보자. "제안드리는 시스템은 귀사가 안고 있는 문제를 근본적으로 해결해줄 것입니다"라고 말하면 상대는 좀 더 구체적인 내용을 듣고 싶어 할 것이다.

처음에 꺼내는 결론은 어떤 의미로는 선제공격이다. 날카로운 선제공격으로 대화의 주도권을 쥘 수 있다.

scene 02

서론은 짧게 정리해야
본론이 빨라진다

꼭 필요한 이유에 맞춰서 간단하게 정리한다

 이유와 타당성을 10페이지 넘게 구구절절 설명한다

⊘ 서론이 길면 본론이 애매모호해진다

완성한 제안서를 보고 '꽤 두툼하네'라고 생각한 적이
있지 않은가? 본론에 이르기까지 서론과 배경 설명이 상
당히 많은 것이다.

재택근무제를 도입하는 제안서를 작성한다고 하자. 본
론으로 들어가기 전에 '직원의 불만이나 분위기', '최근 일
하는 방식의 변화와 동향', '타사 도입 사례', '지금까지의
근무 체계 대처' 등을 다양하게 언급한다.

이런 경우 상대방은 상당한 자료를 읽어야 한다.

메일로 의뢰할 때도 본론에 들어가기 전에 이런저런
내용을 써서 결국 무엇을 부탁하는지 알 수 없는 경우도
있다.

그렇다고 해서 무조건 배경 설명을 줄이면 전체 구성이 무너져서 무엇을 위한 자료인지 알 수 없다. 따라서 배경 설명은 이유에 초점을 맞춰 짧게 정리하는 것이 중요하다.

✔ 서론에 꼭 언급해야 할 것

필요성을 환기한다

재택근무제 제안서의 경우 왜 도입해야 하는지 배경 설명이 필요하다. 예를 들어 직원 대부분이 고정 근무 시간에 불만을 품고 있다고 설명하면 재택근무제 도입의 필요성에 납득할 것이다. 마찬가지로 재택근무제를 도입하는 기업이 늘고 있다고 설명하면 자사도 검토하는 게 좋다고 여길 것이다. '제안의 필요성'을 환기하는 것이 배경 설명을 하는 이유다.

타당성을 주장한다

재택근무제를 제안할 자격이 있는지도 신경 써야 할 부분이다. 아무것도 모르는 사람이 갑자기 재택근무제 도입의 책임자가 되었다면 알지도 못하는 사람이 멋대로 말한다고 생각한다.

따라서 '이 주제에 관해 책임자로서 충분한 지식이 있음'을 알릴 필요가 있다. 예를 들어 타사의 사례를 잘 아는 사람이라면 요점을 대강 파악했으리라고 여길 것이다. 자사 직원을 상대로 불만을 조사한 사람이라면 현실성 있는 제도를 제안할 것이라고 기대한다.

이미 재택근무제를 검토 중이라면 직원의 불만을 상세하게 설명할 필요 없다. 또 자신이 적임자라는 인정을 받았다면 타사의 사례를 굳이 언급할 필요도 없다.

이처럼 배경 설명을 어디까지 할지는 상대방에 따라 결정된다.

scene 03

상대가 어떤 사람인지
분석하라

상대에 따라 설득 방법이 달라진다고 생각한다

 누구나 납득할 만한 내용이면 문제없다고 생각한다

✅ 설득할 상대는 어떤 사람인가?

　자신의 주장이 옳으면 상대방이 납득할 거라고 생각하지만 자신이 옳다는 것은 어디까지나 본인 생각이다. 자신이 가지고 있는 기준이나 지식을 토대로 타당하다고 생각하는 것에 지나지 않는다. 상대방이 가지고 있는 기준이나 지식이 자신과 다르다면 납득하지 못할 수 있다.

　특히 논리적인 주장이라면 상대방이 반드시 납득하리라고 생각하기 쉬운데, 상대방이 감정적인 경우에는 논리적인 주장이 오히려 역효과를 낼 수 있다.

　화가 나서 항의하는 상대방에게 논리정연하게 설명한다고 해서 통할까? 상대방은 불만 사항을 피력하고 있는데 너무 냉정하게 대처한다고 생각할지 모른다. 상대방이 애초에 들을 마음이 없으면 아무리 열심히 설명한들 소용없다.

상대방이 어떤 사람인지에 따라 말하고 싶은 것을 전달하는 방법을 선택해야 한다.

누구나 납득할 만한 내용으로 설명하면 결과적으로 초점이 흐려지기 쉽다. 예를 들어 '고객 만족을 최우선으로 하자'는 메시지를 호소한다고 하자. 그 내용에 반대하는 사람은 없을 것이다. 하지만 듣는 사람은 어떻게 행동하라는 건지 모른다.

상대방을 설득하려면 상대방에게 초점을 맞춰서 알기 쉽게 설명해야 한다. 이때 전달하는 내용을 생각하는 동시에 상대방이 '어떤 사람인지' 살피는 것을 잊지 말아야 한다.

'노예 해방의 아버지'라 불리는 미국 16대 대통령 에이브러햄 링컨은 "내가 전달하려는 내용을 생각하는 시간의 2배를 상대방에 대해 생각한다"고 말했다.

'틀린 내용이 아니니 괜찮아' 또는 '누구나 납득할 만한 내용이니 문제없어'라고 생각해서는 안 된다.

✅ 상대의 지식과 관심사를 파악하라

그렇다면 상대방의 무엇을 알아야 할까?

상대방의 모든 것을 알아야 하는 것은 아니다. 상대를 설득할 목적이라면 세세한 부분까지 알 필요 없다. 다음 3가지만 파악하면 된다.

상대방이 가진 지식의 양

내가 전하고 싶은 내용에 대해 상대가 알고 있는 부분과 모르는 부분이 무엇인지 알아야 한다.

내가 제시한 내용을 상대가 이미 알고 있다면 모처럼 이 야기를 듣고 자료를 읽은 시간이 아깝다는 생각을 할 것 이다. 이미 알고 있는 내용을 새삼스럽게 다시 들려준들 아무 의미 없다.

내가 전달하려는 내용에 대해 상대방이 거의 모른다면 처음부터 설명해야 한다. 반대로 상대방이 내용을 이미 알 고 있다면 다시 설명할 필요가 있는지 고려해봐야 한다. 신뢰성을 높일 수 있다면 설명할 가치가 있겠지만 그렇지 않다면 설명하지 않는 것이 낫다.

상대방의 관심 대상

상대방이 어떤 것에 관심을 가지는지 알아야 한다. 인터넷에서 어떤 뉴스를 보는가? 평소 관심 있는 분야의 뉴스 중에 눈에 띄는 제목이 있으면 클릭해서 읽어보지만 관심 없는 분야의 뉴스는 굳이 찾아보지 않을 것이다.

다른 사람의 이야기를 들을 때도 마찬가지다. 관심 없는 내용을 이야기하면 지루하고 집중이 되지 않는다.

상대방이 관심을 보이면 전하고 싶은 내용을 단도직입적으로 설명하면 된다. 상대방이 관심을 보이지 않으면 전하고 싶은 내용이 얼마나 중요한지를 설명해야 한다.

상대방이 본 자신의 인상

자신이 상대방에게 어떻게 보이는지를 알아야 한다. 똑같은 조언을 상사와 동료에게 들었다고 했을 때 동일하게 받아들일까? 대부분 상사의 조언은 순순히 받아들이겠지만 동료의 조언은 그렇지 않을 것이다. 같은 내용이라도 누가 말하는지에 따라 수용 여부가 달라진다.

자신이 전하는 내용을 상대방이 어떻게 받아들일지 주의해야 한다. 자신과 상대방이 어떤 관계인지, 그 관계를 바탕으로 자신이 말하려고 하는 내용이 어떻게 수용될지를 상정해볼 필요가 있다. 그다음에 상대방을 설득할 수 있는 전달법을 생각해야 한다.

선의의 조언이라도 상대방은 '내가 왜 저런 소리를 들어야 해?' '동료가 무슨 상사나 된 것처럼 굴어' 하고 생각할 수 있다.

'커뮤니케이션은 상대에게 달렸다'는 말도 있듯이 적절한 커뮤니케이션을 위해서는 반드시 상대를 분석해야 한다.

scene 04

상대가 알고 싶어 하는
것을 정리하라

상대방의 이해도에 맞춰 설명할 내용을 정리한다

 자료에 적힌 것을 토씨 하나 안 바꾸고 그대로 말한다

✅ 상대방을 이해시키는 것이 목적이다

열심히 정리한 자료를 고객에게 설명하는 순간이다. 고객을 앞에 두고 어떻게 설명할 것인가?

대부분은 첫 페이지부터 토씨 하나 틀리지 않고 그대로 설명한다. 그러한 설명 방식은 자기 만족에 불과하다. 자료를 설명하는 목적은 자료에 적힌 내용(전달하고 싶은 것)을 상대방에게 이해시키는 것이다.

자료의 내용을 어느 정도 망라할 필요는 있다. 예를 들어 개요를 알 수 없으면 이것만 봐서는 뭔지 모르겠다거나 불완전한 자료라고 생각하게 된다.

어느 정도 폭넓은 대상자를 상정하고 모두 이해할 수 있도록 적어야 한다. 그렇게 되면 상대방이 이미 '알고 있는 내용'도 당연히 포함된다. '상대방이 모르는 것'도 읽는 사람에 따라 우선순위가 높은 것과 그렇지 않은 것이 있다.

상대방이 알고 싶은 것을 중심으로 설명하면 쉽게 이해할 수 있으므로 쓸데없이 시간 낭비를 하는 일이 없다.

✔ 상대방이 알고 싶어 하는 부분을 파악해둔다

자료의 완성도도 중요하지만 상대방이 무엇을 알고 싶어 하는지, 무엇을 알고 무엇을 모르는지를 알아둘 필요가 있다. 물론 사전에 파악해두는 것이 좋지만 그럴 수 없는 경우가 대부분이다.

그럴 때는 설명하기 전에 직접 물어보자. 처음에 상대방이 어느 정도 이해하는지를 확실히 알아두면 무엇을 중점적으로 설명할지 알 수 있고 상대방도 전체적인 그림을 파악할 수 있다. 일방적으로 설명하는 것이 아니라 상대방의 의견을 듣는 것이므로 마음의 거리도 좁힐 수 있다. 또한 질문과 답을 주고받으면 저절로 분위기가 풀려서 서두에 어떻게 말을 꺼내야 할지 신경 쓸 필요 없다.

"오늘은 이전에 의뢰받은 기획안을 제안하고 싶습니다. 자료에는 지금까지 귀사의 실적과 자사의 대처를 돌아보고 현 상황의 과제, 기획안의 개요를 중심으로 설명했습니다. 궁금한 점이 있으십니까?"

이때 자료를 제대로 구성하는 것이 중요하다. 목차를 통해 각 항목에서 무엇을 설명하고 있는지 제시하는 것이 좋다. 구성이 제대로 되어 있지 않으면 처음에 전체적인 그림을 설명할 수 없다.

scene 05

'왜(WHY)'부터 시작하라

이유부터 말하고 구체적인 내용을 설명한다

 생각나는 순서대로 자신이 전하고 싶은 내용을 말한다

✅ 상대방의 입장에서 정리한다

확실한 어조로 논리정연하게 말했는데 상대방이 좀처럼 이해하지 못하는 경우가 있다.

상대방에게 자신이 말한 내용을 어느 정도 이해했는지 물어본 적이 있는가? 이해하지 못하거나 중요하지 않은 것만 기억해서(중요할수록 기억하지 못한다) 놀랄 것이다.

이것은 커뮤니케이션 능력이 부족해서가 아니다. 말하는 사람은 자신이 전하고 싶은 대로 말하고, 듣는 사람은 자신이 이해하기 쉬운 부분만 받아들이게 마련이다. 게다가 얼굴을 마주하고 이야기하면 말투, 표정, 몸짓 등 비언어적 커뮤니케이션까지 더해진다. 긍정적인 내용을 조금 어두운 표정으로 말하면 듣는 사람은 혼란스러울 수 있다.

물론 이러한 상황을 근본적으로 개선하기는 어렵다. 하지만 상대방이 조금이라도 더 이해할 수 있도록 신경 쓸수는 있다.

✅ 상대방이 이해하기 쉽게 말하는 3단계

말을 하는 입장에서는 생각한 순서대로 말하면 편하겠지만 듣는 사람은 혼란스러울 수 있다. 따라서 상대방이 이해하기 쉽게 말해야 한다.

1. 그 이야기를 들어야 할 필요성과 의미를 전달한다

'나한테 어떤 의미가 있는가?'라는 의문에 대한 답이 나오지 않으면 상대방은 구체적인 이야기를 들으려 하지 않는다.

예를 들어 선배가 갑자기 "회계를 공부해두는 게 좋지 않겠어. 인터넷 강의로 수강할 수 있던데"라고 말했다. 이런 말을 왜 했는지 모르겠다면 나를 생각해서 하는 말인지, 나를 소개해주고 수수료라도 챙길 생각인지 의심하게 된다.

아무런 배경 설명 없이 갑자기 꺼내면 자신에게 아무 의미도 없고 들을 필요도 없다고 생각한다.

"지금 하는 일에 제법 익숙해진 것 같은데, 앞으로 한 단계 높은 수준의 일을 하려면 회계를 한번 배워봐. 대학에서 법학을 전공했으니까 회계 공부는 한 적이 없을 거 아냐." 이렇게 말하면 의도가 명확하게 전해질 것이다.

TED의 인기 동영상 중 사이먼 사이넥Simon Sinek의 〈WHY로부터 시작하라Start with Why〉는 강의가 있다. 'WHY(왜)'가 바로 '이야기를 들어야 할 필요성과 의미'에 해당한다.

2. 핵심을 구체적으로 말한다

회계 공부를 하라는 조언을 하면서 필요성을 전달한 다음에 "인터넷 강의로 공부하면 좋아"라고 방법을 제안한다.

이때 가입 방법을 상세하게 말하는 것은 삼간다. 상대방은 회계를 공부하는 것이 좋다는 점은 이해했지만 왜 인터넷 강의를 들어야 하는지 납득하지 못했기 때문이다. 갑자기 가입 방법을 설명하면 '정말 소개료라도 받기로 했나?'

하고 의심할지 모른다.

이 단계에서 이야기해야 할 것은 '이 인터넷 강의가 최고'라는 내용이다. 오프라인 강의나 독학과 비교해 장점을 말하고 다른 인터넷 강의와의 차이점을 설명한다.

"오프라인 강의는 시간 맞추기도 어렵고 왔다 갔다 하는 시간이 소비되잖아. 책을 사서 혼자 공부하는 방법도 있지만 오래 지속하기가 힘들고 궁금한 게 있어도 물어볼 데가 없어. 인터넷 강의가 가장 좋지 않을까? 여러 가지가 있는데……."

3. 구체적인 방법을 설명한다

마지막으로 회계를 인터넷으로 수강하는 구체적인 방법을 설명한다. 이때도 생각나는 대로 줄줄 이야기하면 상대가 따라오지 못한다.

"여기 들어가면 신청서를 다운받을 수 있는데, 필요한 사항을 기입해서 팩스로 보내면 계약서가 도착하거든. 그때 계약금을 입금하면 되고, 지불 방법도 계좌 이체나 카드 결제를 그때 정하면 돼. 그동안 교재가 도착할 거야. 매달 단위로 수강 신청을 해야 하는데 다음 달 수강을 연기

상대방이 이해하기 쉬운 전달법

그 이야기를 들어야 할 이유를 전달한다.

전달하려는 내용에 관심과 흥미를 보인다.

구체적으로 전달하고 싶은 내용을 이야기한다.

전달하려는 내용에 납득한다.

구체적인 순서를 설명한다.

다음에 어떻게 하면 좋은지를 이해한다.

해도 되니까 일 때문에 바쁜 달은 무리하지 말고……."

다음과 같이 항목별로 나눠 간결하게 이야기하는 것이 좋다.

"신청서를 작성해서 팩스로 보내면 돼. 계약서가 도착하면 그때 결제 방식을 정하면 되고. 1회차 비용 청구서만 보내니까 입금하는 것 잊지 마."

회계 공부를 하라는 조언을 할 때 '인터넷 강의를 빨리 수강하면 좋겠다'는 마음만 앞서면 "일단 인터넷 강의를 신청해!"라고 이야기하기 쉽다. 하지만 이것이야말로 자기 본위의 대화 방식이다.

비즈니스 상황에서는 자기 본위가 아니라 상대방의 이해에 맞춰 커뮤니케이션을 해야 조금이라도 오해를 줄일 수 있다.

MEMO

scene 06

원하는 것을 확실하게
전달하는 법

요구 사항을 확실히 말하고 상대가 거절했을 경우를 대비한다

 결론을 확실히 말하지 않고 상대가 추측하도록 말한다

● **개떡같이 말했는데 찰떡같이 알아들을 리 없다**

결론을 확실히 말하지 않고 상대가 추측하도록 말하는 사람들이 있다. 상대가 행간을 읽기를 바라는 것이다.

"오늘 바쁜가? 부장님이 우리 팀의 IT 이용 상황을 정리해 오라고 해서 말이야. 자네가 가장 잘 알잖아? 다른 팀원들도 바쁘고, 부장님은 곧바로 정리해 오라고 하고. 다른 조사에서 실수가 나와서 꽤 압박하고 있는데 다른 위험 부담은 지고 싶지 않아."

한마디로 요약하면 '부장님이 지시한 IT 이용 상황을 정리하라'는 것이다. 그런데 확실히 말하지 않아서 상대가 대화를 전부 듣고 추측해야 한다.

이러한 커뮤니케이션은 서로 잘 아는 사이에서나 통용

된다. 그야말로 속속들이 알고 있는 사이라면 개떡같이 말해도 찰떡같이 알아듣는다.

이런 관계에서는 결론을 확실히 드러내기를 꺼린다. 무언가를 의뢰하면 상대방이 거절하거나 싫어하는 표정을 지을 수 있고, 알력을 없앨 생각으로 애매한 대화 방식을 취하는지도 모른다.

결론을 제대로 말하지 못하는 이유는 반론당하거나 거절당할까 봐 두렵기 때문이다. 그러나 결론을 확실하게 말하지 않으면 결과 또한 애매모호해질 것이다.

"제대로 전달했는데 왜 모르나"라고 말하면 상대는 "아뇨, 확실하게 의뢰받은 기억이 없는데요"라고 대답한다. '말했다', '말하지 않았다'로 실랑이를 벌이다 보면 서로 불만이 쌓이고 오해하기도 쉽다.

◉ 결론을 딱 잘라 말하려면 자신감이 있어야 한다

결론을 우선 말하고 상대방의 반응을 토대로 설득력을 높일 수 있다.

"부장님이 지시한 IT 이용 상황을 자네가 정리해주겠나?"라고 확실히 말했는데, 부하직원이 의아한 표정으로 "지금 바쁜 일을 처리하고 있어서……"라고 반응할 수 있다. 그럴 때는 "지금 바쁘겠지. 하지만 자네가 그 건에 대해 가장 잘 알고 있으니 다른 팀원보다 자네가 하는 편이 더 좋을 것 같아"라고 덧붙이고 반응을 살펴본다. 이렇게 말하면 쓸데없이 상대를 신경 쓸 필요도 없다.

이때 예상되는 반응("바쁜데 꼭 제가 해야 합니까?")과 대처법("다른 일의 마감을 조정해주겠네", "가장 잘 알고 있는 자네에게 맡기는 게 안심이 돼")을 준비해둘 필요가 있다.

이러한 일을 생각해두지 않았을 때 나중에 기분이 나빠질 사람은 본인이다. 나중으로 미루지 않는 전달법도 커뮤니케이션에서 반드시 유의할 점이다.

scene 07

읽기 편하고 이해하기 쉬운
메일 쓰기

상대가 꼭 알아야 할 내용을 첫 화면에 정리한다

 가능한 많은 내용을 한 통의 메일에 정리한다

✅ 제목만 읽고도 알 수 있도록 정리한다

회의가 끝나고 자신의 책상에 돌아와 메일함을 열었더니 10통 이상의 메일이 들어와 있다. 30분 후에는 외출해야 한다면 어떻게 할까?

기다리던 메일이 아닌 한 전부 다 읽어야 한다고 생각하지 않는다. 따라서 메일은 수신하는 사람의 입장에서 작성해야 한다.

제목만 봐도 최대한 빨리 읽고 답신을 줘야 하는지 그렇지 않은지를 판단할 수 있는 것이 좋다. 우선 어떤 내용의 메일인지 알 수 있는 제목을 써야 한다.

제목을 쓰는 방법은 여러 가지 있는데 '어떤 안건인지', '회신을 바라는지', '결정을 바라는지', '정보 공유를 바라는지', '급한 건인지' 등을 제목에 포함한다.

예를 들어 '[상담] A사 제안 중 핵심 안건 정의 건', '[시급] X사 제시 가격 결정 관련' 등으로 제목을 쓰면 각각의 메일에 어떻게 대응하면 좋을지 곧바로 알 수 있다. 제목을 양식화해두면 더욱 수월하다.

✅ 스크롤 한 번으로 끝낸다

제목에 [시급]이라고 적힌 메일을 열어서 읽었더니 몇 번이나 스크롤을 내려야 할 정도로 길고, 핵심은 맨 마지막에 있다면 어떤 생각이 드는가?

시급을 요하는 일이 무엇인지 맨 먼저 알 수 있도록 써야 한다. 시간이 없는 상황에서 요점이나 자신이 취해야 할 행동(거절도 포함)을 곧바로 파악할 수 있도록 말이다.

이메일은 스크롤 한 번으로 끝나는 것이 좋다. 물론 내용을 줄이다가 본말이 전도되어서는 안 되겠지만 최대한 간결하게 쓰도록 신경 쓰자.

메일 수신 상대에게 무엇을 원하는지도 명확하게 언급

해야 한다. 단순히 내용을 이해하는 것만으로 충분한지, 결정을 내리거나 구체적인 행동을 취하거나 스케줄을 잡아야 하는 내용도 있다.

'○○건과 관련하여 미팅을 하고 싶습니다. 괜찮을까요?'라고 하면 미팅 여부를 답변해야 할지, 괜찮은 시간을 알려줘야 할지 알 수 없다. '○○건과 관련하여 미팅을 하고자 합니다. ○○월 ○○일 오후로 잡고 싶습니다. 괜찮으신지 회신 바랍니다'라고 적으면 상대방은 그 날짜가 좋은지 여부만 답변하면 된다.

또 메일을 작성하다 보면 어느 순간 이런저런 내용을 적기 십상이다. 이것은 발신자 위주로 작성하는 메일의 전형이다.

◎ 본문을 읽기 편한 모양새로 작성한다

본문 모양새만으로도 메일의 가독성이 좋아진다. 다음과 같은 점만 주의해도 훨씬 읽기 편한 메일이 된다.

제목	최종 보고 자료 건

최종 보고 자료에 대해 여러모로 생각해봤는데, 갑자기 업무 효율화 아이디어를 설명하는 것보다 현장 직원들이 어떤 문제의식을 가지고 있는지를 설명하는 게 좋다고 생각합니다. 프로젝트 최초 단계에 직원들에게 청취 조사를 했을 텐데, 그때 목소리를 개인별로 정리해주세요. 추가로 청취 조사를 할 필요는 없다고 생각하는데, 필요하다면 부디 다시 한 번 청취 조사를 해주세요. 그렇게 조사한 자료는 제가 정리할 수도 있지만, 왜 이번 제안을 하려는지 아이디어가 드러나도록 정리해주시기 바랍니다. 정리해서 제게 주는 기한은 3일 정도면 적당할 것 같습니다. 그럼 잘 부탁드립니다.

✕ 잘못된 부분

- 제목만으로는 어떤 내용인지 알 수 없다.
- 문단 정리가 되어 있지 않고 지저분하다.
- 쓸데없는 내용이 포함되어 있다
  (제가 정리할 수도 있지만).
- 의뢰하는 내용이 확실하지 않다.

한 줄에 들어가는 글자 수

한 줄은 20~30글자로 한다. 그 이하로 줄을 바꾸면 끊어진 듯한 인상을 주고, 그 이상이 되면 너무 길어진다.

내용을 알기 쉽게 정리한 메일

제목	[중요] 최종 보고 자료 작성 관련 부탁

최종 보고 작성에서 갑자기 업무 효율화 아이디어를 설명하는 것보다 현장 직원들이 어떤 문제의식을 가지고 있는지를 설명하는 것이 좋겠습니다. 다음 2가지에 주의해서 각 부서의 직원들을 대상으로 의견을 모아 3일 내로 정리해주시기 바랍니다.

● **의견 모으는 방법**
프로젝트 최초 단계에서 실시한 직원 청취 조사 결과를 토대로 해주세요. 충분한 자료가 없는 경우에는 추가로 청취 조사를 해주세요.

● **의견 취합 방법**
단순히 직원들의 의견을 나열하는 것이 아니라 왜 이번 제안을 하려는지 아이디어가 드러나도록 알기 쉽게 정리해주세요.

적절한 단락 나누기

반드시 단락 사이에 한 줄을 띈다. 한 줄을 띄지 않아도 괜찮을 것 같다면 단락을 나눌 필요가 없을지도 모른다.

항목별 문장 나누기

문장만 있으면 요점을 파악하기 힘들고, 항목만 있으면 무엇을 해야 할지 알 수 없다. 문장과 항목을 섞어서 작성해야 한다.

scene 08

프레젠테이션에도
생각 정리가 필요하다

어떤 내용을 어떻게 말해야 할지 연습한다

 프레젠테이션 자료를 만드는 데 공을 들인다

◉ 프레젠테이션을 위한 3가지 준비

프레젠테이션을 준비할 때 무엇에 가장 많은 시간을 투자하는가? 대부분 파워포인트 슬라이드 작성에 시간을 투자할 것이다. 포맷, 색상, 자료 사진, 그래프 작성, 애니메이션 효과 등 보기 좋게 꾸미는 데 공을 들인다.

완전히 쓸데없는 일은 아니지만 그다지 생산적이지는 않다. 그보다는 전달하는 내용의 질을 높이는 데 시간을 투자해야 한다. 내용, 스토리, 질문 대응 3가지에 중점을 두면 성공적인 프레젠테이션을 할 수 있다.

내용

파워포인트 슬라이드를 만들기 전에 프레젠테이션의

내용을 다시 한 번 살펴보자. 프레젠테이션에서 가장 전달하고 싶은 내용이 무엇인지, 타당한 근거는 무엇인지를 확실히 정해야 한다.

"이 프레젠테이션에서 가장 전하고 싶은 것은 ○○입니다. 왜 ○○인가 하면 △△이기 때문입니다." 이와 같은 형태로 프레젠테이션을 소리 내어 연습해보자. 근거가 타당한지를 확인하는 것만으로도 설득력을 높일 수 있다.

스토리

어떤 방식으로 프레젠테이션을 전개해나갈지를 정한다. 우선 결론을 말하고 나서 이유를 설명하는 흐름으로 할지, 그 반대로 할지 전체 흐름을 살펴본다.

서두에서 무엇을 말해야 할지, 추가할 만한 재미있는 에피소드가 있는지, 마지막에 어떻게 끝낼지를 생각하고 스토리를 짠다. 스토리 전개를 확인할 때는 파워포인트의 슬라이드를 나열해보면 좋다. 이때 슬라이드 내용이 완성되어 있지 않아도 괜찮다. 어떤 것을 슬라이드에 넣을지를 명확하게 정해두면 된다.

질문 대응

질문을 받는다는 것을 전제로 준비해야 한다. 질문에 대응하는 것까지 프레젠테이션이다.

대략 어떤 질문이 나올지 예상하고 대답을 미리 정리해두면 마음의 여유가 생겨 대답을 못 해 당황할 염려가 없다.

✅ 실전에서 불필요한 습관을 줄여라

파워포인트 슬라이드를 보기 좋게 꾸밀 시간에 차라리 프레젠테이션을 연습해보자. 여러 번 연습해보는 것이 성공적인 프레젠테이션으로 가는 지름길이다.

정말로 중요한 프레젠테이션이라면 주위 사람에게 봐달라고 하거나 영상을 촬영해서 체크해보자. 이렇게 하면 미처 몰랐던 습관을 알 수 있다. 실전에서는 불필요한 습관에 주의하면 된다.

보기에 좋은 슬라이드의 기본은 통일성이다. 모든 슬라이드에서 포맷, 색상, 제목 위치, 제목 내용 등을 통일하면 대부분 보기 좋다.

scene 09

프레젠테이션,
원고를 100% 믿지 마라

상대의 반응을 살피면서 상황에 맞게 수정해나간다

 사전에 원고를 준비하고 그대로 읽기만 한다

❷ 예상과 다른 실전에 대비하는 법

대부분의 경우 실제 프레젠테이션을 해보면 '예상했던 것과 조금 다른데?'라는 생각이 들 것이다. 발표 장소의 크기나 배치, 빔프로젝터 스크린의 크기나 위치, 수강자 수, 의자 수, 들으려는 자세, 발표 시간 등 변수는 여러 가지다.

어떤 프레젠테이션이든 즉흥성을 발휘해야 할 순간이 생기게 마련이라는 생각으로 실전에 임해야 한다.

프레젠테이션에서 말할 내용을 원고로 작성해두는 것도 좋다. 원고가 있으면 확실히 안심이 되고, 원고에 적힌 내용을 그대로 읽기만 하면 된다.

그러나 예상하지 못한 상황이 일어나면 어떻게 될까? 원고를 활용하지 못할 상황에서 당황하면 프레젠테이션을 성공적으로 마칠 수 없다. '이 부분은 누구나 알겠지'라고 생각해서 넘어갔는데 청중들이 '잘 모르겠다'는 표정을 지었을 때 원고가 눈앞에 있으면 그대로 읽게 된다. 그런데 상대가 제대로 이해했다고 할 수 있을까?

듣는 사람의 입장에서 상상해보자. 고개를 숙인 채 원고를 읽기만 하면 분명 지루할 것이다.

원고를 작성하는 것뿐만 아니라 말할 내용을 머리에 새겨두어야 한다. 어떤 슬라이드가 어떤 순서로 나오는지, 각각의 슬라이드에 무엇이 적혀 있는지, 전체 흐름이 어떻게 되는지를 머릿속에 미리 정리해둔다. 시간 분배도 5~10분 단위로 어느 정도 걸릴지 파악해두면 좋다. 서두는 5분, 첫 번째 주제는 20분과 같은 식으로 말이다. 너무 상세하게 소요 시간을 설정하면 예상 시간과 차이 나지 않게 신경 쓰느라 프레젠테이션에 집중할 수 없다.

이렇게 해두면 무엇보다 상대방의 반응을 살피면서 궤도를 수정하기 쉽다. 파워포인트 슬라이드 1장도 예상 시간대로 설명되지 않는 경우가 대부분이다. 청중이 좀 더 자세하게 설명해주길 바란다면 시간을 더 할애하고, 이미 알고 있다면 굳이 설명할 필요 없다.

전체 구성이 머릿속에 들어 있으면 망설임 없이 유연하게 프레젠테이션을 할 수 있다.

✅ 예상치 못한 상황에서 당황하지 않는 법

내용 외에도 변수를 염두에 두고 준비하는 것이 중요하다. 도중에 유머를 언급하는 것도 좋은데, 청중의 반응을 관찰하면서 준비한 유머가 먹힐지를 생각해야 한다. 청중들이 미적지근한 반응을 보인다고 해서 가벼운 농담으로 분위기를 풀어보려다 더욱더 싸늘해질 수 있다.

소요 시간에 딱 맞는 분량으로 말할 내용을 정하는 것도 상당히 위험하다. 청중이 충분히 이해하지 못한 경우 반복해서 설명하다 보면 시간이 부족하다. 물론 그 반대로 수월하게 진행되는 경우도 있다. 전체적으로 여유 있게 분량을 정하고 시간이 남았을 때 추가로 설명할 내용까지 준비한다.

이와 같이 준비하면 예상치 못한 상황에서도 허둥거리지 않고 프레젠테이션을 마무리할 수 있다.

scene 10

상대와 긴밀한 커뮤니케이션을
하고 싶을 때

질문을 하면서 아이디어와 정보를 주고받는다

 자신이 말하고 싶은 것을 전하는 데 전념한다

✔ 대화에 활력을 주는 질문

잡담 수준의 대화는 물론 서로의 의견을 주장하는 경우
에도 없어서는 안 되는 것이 질문이다. 질문으로 자신의
의도를 전하고 타인의 이야기를 듣는 것뿐 아니라 서로의
생각이나 의견을 쉽게 주고받으며 원만한 커뮤니케이션
을 할 수 있다.

질문의 장점 4가지를 꼽으면 다음과 같다.

타협 가능성이 높아진다

서로 자신의 의견을 말하는 것만으로는 논의 내용이 어
긋나거나 평행선만 긋게 된다. 질문을 하고 대답하면 타협
하거나 합의할 가능성이 높아진다.

예를 들어 거래 상황에서 가격 협상이 제대로 이루어지지 않을 때 "납입량을 늘려서 단가를 좀 더 낮출 수 있습니까?"라고 물어보면 서로 협상할 기회를 만들 수 있다.

새로운 관점을 제공한다

상대방이 신경 쓰지 않았던 포인트에 대해 질문하면 새로운 시점에서 아이디어가 떠오른다.

예를 들어 부서 이동에 납득하지 못하는 부하직원에게 "자네의 경력 관리 측면에서 보면 새로운 부서의 업무가 도움이 되지 않겠나?"라고 질문한다. 그러면 부하직원은 눈앞의 업무뿐 아니라 장기적인 측면에서 자신의 커리어를 파악하는 계기가 된다. '장기적인 안목에서 부서 이동을 받아들이는 게 좋을지도 몰라' 하고 납득할 수 있다.

상대방을 배려하면서 말하고 싶은 것을 전할 수 있다

자신이 말하고 싶은 내용을 주장하기만 하면 듣는 사람은 강요한다고 받아들인다. 그러나 질문 형태로 던지면 상대방에게 자신의 생각이나 감정을 이해시키면서도 일방적으로 밀어붙인다는 인상을 주지 않는다.

예를 들어 부하직원이 가져온 자료를 보고 무조건 "다시 수정해 오게"라고 말하기보다 "어떤 점에 신경 써서 자료를 만들었나?"라고 질문한다. 대답을 듣고 난 후 "여기를 이렇게 수정하는 게 좋겠어"라고 하면 부하직원의 노력을 인정해주면서 개선점을 찾아줄 수 있다.

자신이 알고 싶은 정보를 끌어낼 수 있다

상대방의 이야기를 듣는 것만으로는 알고 싶은 정보를 얻을 수 없다. 상대방에게 질문을 던져서 자신이 원하는 정보를 이끌어낸다.

✅ 정보를 얻는 질문법

서로를 깊이 이해하려면 질문을 하는 것이 좋은데, 질문에도 요령이 있다.

무엇을 듣고 싶은지 확실히 해둔다

어떤 답을 원하는지 알 수 있는 질문을 한다. 어떤 답을 듣고 싶은지 알 수 없는 것은 질문이 아니다.

"어떻습니까?"라고 질문하면 어떤 대답을 해야 할지 알수 없다. 상대가 어떤 대답을 할지 미리 생각하고 그에 맞는 질문을 할 필요가 있다.

최대한 짧게 질문한다

정확하게 물어보려면 아무래도 질문이 길어진다. 긴 질문은 혼란을 초래할 뿐이므로 짧게 질문하는 데 신경 써야한다.

질문이 길어지는 이유는 머릿속에 떠오르는 대로 말하기 때문이다. 어떻게 하면 간결하게 질문할지 생각해보자.

선택지는 절대 넣지 않는다

"오늘 점심 같이 먹자. 초밥이나 불고기 어때?"라고 물었을 때 "싫어. 나는 장어 먹고 싶어"라고 대답하는 사람은 없을 것이다. 이것은 초밥이나 불고기 중에 하나를 고르라는 의미다. 이렇게 물어보면 상대가 정말로 먹고 싶은 것을 말할 수 없다.

다른 선택지가 없다고 생각될 경우에만 선택지가 들어

간 질문을 해야 한다.

자신의 판단을 넣지 않는다

선택지와 마찬가지로 자신의 판단이 들어간 질문도 상
대방이 자유롭게 대답할 수 없다. "저 까칠한 상사에 대해
어떻게 생각해?"라는 질문에는 이미 '까칠한 상사'라는 자
신의 판단이 들어 있다. 그 상사를 솔직한 사람이라고 생
각하는 사람은 좀처럼 대답하기 힘들다.

자신의 판단이 들어간 질문을 하면 상대방이 정말로 어
떤 생각을 하는지 끄집어내기 어렵다. 저 상사가 까칠해서
힘들다는 마음을 공유하고 싶다면 이런 질문을 해도 된다.
하지만 상대가 어떻게 생각하는지 답을 끌어내야 할 때는
가치 판단이 들어간 질문을 하지 않는 것이 좋다.

CHAPTER 4

전달력을 높이는
생각 정리

회의나 미팅에서 생산성을 높이기 위해서는 시간 낭비를 줄여야
한다. 진행부터 마무리까지 미리 정리해두면 시간을 훨씬 효율적
으로 운용할 수 있다.

scene 01

회의에 참석하는
의미를 생각하라

회의의 목적이나 의제를 파악하고 자신의 역할을
머릿속에 그린다

 그냥저냥 회의에 참석해서 다른 사람의 이야기를
듣기만 한다

✅ 회의도 일이다

우리는 다양한 회의에 참석한다. 대부분의 사람들이 회의를 주최하는 게 아니라 회의에 불려가는 입장이다. 이때 어떤 마음가짐으로 참석하면 좋을까?

손님처럼 참석하는 태도는 바람직하지 않다. 뒤늦게 회의가 있다는 것을 알고 어쩔 수 없이 참석해서 건성건성 스마트폰을 만지작거릴 뿐이라면 회의에 참석하지 않는 것이 낫다. 어떤 발언을 해야 할지 몰라서 다른 사람의 이야기를 듣기만 하는 것도 회의에 참석한 의미가 없다.

회의에 참석하는 시간도 업무로 간주하고 급여가 지급되는 셈이다. 회의에서 아무것도 하지 않으면 일을 하지 않고 급여를 받아 가는 것이나 마찬가지다. 급여에 상응하

느냐는 차치하고 회의에 참석했다면 어떤 성과든 올려야
한다.

☑ 회의에서 무엇을 해야 하는가

회의에서 내 역할은 무엇일지 생각해보아야 한다. 회의
에서 사회자나 의사결정권자만 있는 것이 아니다. 자신이
아는 정보나 지식을 제공하는 사람도 있고, 자신의 소감이
나 의견을 전달하는 사람도 있다.

그렇다면 주제에 대한 지식도 없고 자신의 업무와 관계
없는 경우에는 어떻게 하면 좋을까?

그래도 역할이 없는 것은 아니다. 가령 지식이 없음을
역으로 이용할 수 있다. 지식이 전혀 없는 사람의 입장에
서 회의 내용에 대해 어떻게 생각하는지를 설명하면 고정
관념에 사로잡힌 다른 구성원들은 '새로운 시각'으로 받아
들일지 모른다.

자신의 업무와 관계없는 화제에 대해서는 어떻게 해야
할까? 업무와 관계없기 때문에 새로운 발상을 떠올릴 수

회의에서 어떤 역할을 할지 정한다

회의

논의하는
내용

의견
있습니다.

정보 제공   의견에 대한   의견 전달
소감 전달

도 있고, 동조하는 의견을 응원하는 역할도 있다.

회의에서 자신이 어떤 역할을 맡으면 좋을지를 머릿속에 그려보고 참석하는 것이 중요하다.

✅ 회의에서는 기탄없이 발언한다

회의에 참석해서 아무런 발언도 하지 않는다면 다른 역할에 힘써도 회의에 참석한 의미가 떨어진다.

컨설팅 회의에 참석했다면 경험이 있든 없든 기탄없이 발언해야 한다. 미팅 자료를 아무리 열심히 준비했다 하더라도 그 자리에서 발언하지 않으면 고객은 "의견도 없는 사람한테 비용을 지불할 생각이 없으니 담당자에서 제외해주세요"라고 말할지도 모른다. 물론 엉뚱한 말을 해도 마찬가지다. 쓸데없는 말을 하면 참석하지 않느니만 못하다.

자신이 어떤 공헌을 할 수 있는지를 생각하고 회의에 참석하자.

MEMO

scene 02

회의 내용을
머릿속으로 정리하라

회의 내용을 머릿속으로 정리하면서 핵심을 말한다

 그 자리에서 떠오르는 대로 말한다

◉ 회의에서는 할 말만 한다

회의 내용을 듣고 있다 보면 문득 할 말이 떠오를 때가 있다. 이때 발언하기 전에 잠시 기다려보자.

다른 사람도 생각나는 대로 곧바로 발언한다면 어떻게 될까? 너무 많은 의견이 나와서 정리가 되지 않을 것이다. 회의 흐름을 무시하고 생각나는 대로 발언하는 것은 피해야 한다.

회의에서는 발언하고 싶은 대로 이야기하는 것이 아니라 꼭 필요한 말만 해야 한다. 이런 회의가 되도록 참석자 전원이 의식하고 처음부터 지켜야 한다.

✅ 무엇에 대해 이야기하고 있는지를 파악한다

무엇에 대해 이야기하는지를 어떻게 파악하면 좋을까? 지금 논의하고 있는 내용을 '○○에 대한 이야기'라고 바꿔보면 자신이 말하고자 하는 내용과 어떤 관계가 있는지 알기 쉽다. 논의하고 있는 내용과 자신이 말하고 싶은 내용이 다르다면 발언을 조금 기다린다.

제안서의 포맷을 통일하자는 논의를 한다고 하자. "기존에는 글자색이 검은색이지만 파란색이 더 예쁘다고 생각합니다"라는 발언이 나왔다면, '제안서에 사용하는 글자색에 대한' 것이다. "데이터는 표 말고 그래프로 표현하는 게 좋다"는 발언은 '정량적 데이터의 표시 방법에 대한' 것이다.

이처럼 '○○에 대한'이라는 형태로 바꿔보면 어떤 내용을 다루고 있는지, 지금의 발언이 그 내용과 관련 있는지 쉽게 파악할 수 있다.

활발한 논의가 이루어지고 있는 듯하지만 실제로는 저마다 하고 싶은 말만 하는 경우도 있다. 말하는 내용이 서로 맞지 않는 것이다. 실제 논의와는 상당히 먼 발언을 하지 않도록 주의하자.

✅ 논의 흐름을 놓치지 않는다

논의 흐름에 따라 발언을 참고 있는데 어느새 회의가 끝나 버리거나 전혀 관계없는 의제로 넘어가 버리는 상황도 있다. 이런 경우에는 회의 마지막에 리더를 맡은 사람이 "더 하실 말씀 있나요?"라고 물어볼 때 발언 기회를 가져 보자.

그전에 자신이 말하고 싶은 말이 이 회의에서 꼭 발언해야 하는 내용인지를 냉정하게 판단해야 한다.

논의에는 흐름이 있다. 흐름을 놓치면 말하고 싶은 것도 말하지 못하고, 기껏 발언했는데도 소용없게 된다. 논의 흐름을 제대로 파악하고 의견을 말하는 연습을 익히자.

scene 03

어디까지 합의할지
미리 정리해둔다

어디까지 이야기를 나눌지 확인한 다음 논의한다

 눈앞에 있는 의제에 대해 결론이 날 때까지 논의한다

무엇을 논의할지를 정한다

고객과 거래 상담을 할 때 어떤 식으로 이야기를 시작하는가? 회의에서 어떤 의제가 올라왔을 때 어떻게 진행하는가? 이때 반드시 논의 목표를 서로 조정해야 한다.

고객과 거래 상담을 할 때는 어디까지 합의할지 먼저 정한다. 회의도 마찬가지다. 하나하나의 의제에 대해 어디까지 이야기를 나눌지 정해두지 않으면 회의에서 논의하기 힘든 이야기까지 나올 수 있다.

예를 들어 "상사의 승인을 얻어야 하는 사항이므로 지금 결정할 수 없다", "아직 구체적인 수단이 정해지지 않아서 가격이나 지불 조건을 결정하기 힘들다"는 말이 나올 수 있다.

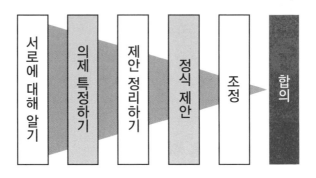

사전에 어느 정도까지 논의할지 정해둔다

서로에 대해 알기 → 의제 특정하기 → 제안 정리하기 → 정식 제안 → 조정 → 합의

　이런 경우에는 의견을 나눠도 아무런 결론을 내리지 못한다. 충분히 확인하지 않고 어중간하게 정해버리면 나중에 다시 수정하느라 일이 더 커질 수 있다.

　거래 상담을 할 때 계약 체결까지 단번에 진행하지 말고 우선 고객의 과제에 대해 어떤 대응책이 있는지 명확히 전달하는 것까지 목표를 정해둔다.

✅ 논의 목표를 사전에 조정한다

먼저 논의 전체 흐름을 제어한다. 거래 상담은 '서로에 대해 알기', '의제 특정하기', '과제에 대한 해결책 정리하기', '정식으로 제안하기', '조정하기' 단계로 이루어진다. 어디까지 이야기를 나눌지 큰 흐름을 알고 있으면 자연히 그날 어디까지 진행할지 보인다.

논의 전체 흐름을 제어하면 첫 번째 거래 상담에서 갑자기 "귀사의 과제에 대한 해결 방안을 제안하겠습니다"라고 논의해야 할 포인트에서 벗어난 발언은 하지 않을 것이다.

결론을 내려고 해도 다른 사람의 의사 결정이 필요한 경우가 있다. 그런 사항을 사전에 미리 알아두고 회의나 거래 상담에 임하자.

이렇게 정성을 들이는 만큼 계약 성사 가능성이 높아진다. 회의나 논의는 참석한 사람들의 시간이 소요되는 일이다. 이를 낭비하지 않도록 준비하자.

쉽고 간결한
회의록 정리법

발언 내용과 결론을 나눠서 명확하게 정리한다

 회의에서 발언한 순서대로 정리한다

특히 신입사원은 회의록을 작성할 기회가 많다. 사내 회의뿐 아니라 고객이나 거래처와의 미팅에서도 제대로 된 회의록을 작성하고 공유하는 것이 중요하다.

회의록 작성은 간단한 것 같으면서도 어려운 일이다. 단순히 그 자리에서 오간 발언을 적기만 한다면 나중에 아무런 도움이 되지 않는다.

✅ 사실과 의견을 구분한다

회의록을 작성할 때 가장 주의할 것이 읽는 사람에 따라 해석이 180도 달라지지 않도록 하는 것이다. 특히 '이 건에 대해서는 영업기획부에서 점검하는 방향으로 검토'와 같이 불확실하게 적혀 있으면 실제로 재검토를 해야 할지 사람에 따라 해석이 나뉜다. 결정 사항인지 미결 사항인지를 확실히 구분하지 않으면 회의록에 쓰는 의미가 없다.

마찬가지로 '사실'인지 '본인의 의견'인지를 확실하게 구분해야 한다. 특히 같은 문장 안에서 사실과 의견이 혼동되면 그것을 읽은 사람이 자칫 잘못 판단할 우려가 있다.

예를 들어 '가격 인상에 대해 고객 불만이 컸다는 의견이 영업부에서 나와 어떻게 해서든 가격 인상을 저지하고 싶은 듯하다'라고 적혀 있다고 하자. 앞부분의 발언은 사실이지만 뒷부분은 적은 사람의 느낌이다. 이렇게 적으면 영업부는 가격 인상에 반대하는 것처럼 보인다. 자신이 느낀 점을 적을 수는 있지만 사실인 것처럼 적어서는 안 된다.

✅ 알아보기 쉽게 정리한다

영업부 직원이 담당 고객의 상황을 공유하는 회의록을 작성한다고 하자. 담당 고객을 어떻게 정리하면 좋을까?

영업 담당자별로 정리하는 방법, 고객의 업종이나 규모

별로 정리하는 방법도 있다. 아직 만나지는 않고 전화 통화만 한 고객인지, 제안을 하고 답변을 기다리는 고객인지 등 영업 단계별로 정리하는 방법도 있다.

이때 정리법에도 신경 써야 한다. 담당자별로 정리하면 복수의 담당자가 같은 고객을 담당하는 경우 중복될 가능성이 있다. 업종별로 정리하면 특정 업종에 고객이 치우쳐 알아보기 어렵다.

정답은 없지만 자기 나름대로 어떻게 정리하면 알아보기 쉬울지 생각한 다음에 회의록을 정리하는 것이 중요하다. 꼭 발언 순서대로 적을 필요는 없다.

✅ 애매한 부분은 명확하게 확인한다

명확하지 않은 점이 있다면 애매하게 적을 것이 아니라 회의 중이나 회의 직후에 직접 확인한다. 그런 의미에서 회의에서 확실하게 이야기를 듣고 메모하는 것뿐 아니라 회의 후에도 정리해야 할 것이 많다.

회의록이 있는데도 '그 의제는 어떻게 되었는지 다시

한 번 확인해보자' 하고 회의 내용을 되돌아보려는 사람이 있다면 그 회의록은 실격이다. 회의나 미팅에서 어떤 결정이 내려졌고, 다음에 무엇을 해야 하는지를 참석자 전원이 알 수 있도록 회의록을 작성하자.

MEMO

scene 05

의견이 다를 때는
처음부터 다시 정리한다

어떤 점에서 의견이 다른지 파악하고 그 부분을
중점적으로 논의한다

 서로 의견이 다르면 분위기가 불편해지니 적당히
타협해서 회의를 끝낸다

✅ 반론은 필수다

회의나 미팅 자리에서 의견이 대립되면 굉장히 불편하다. 서로 자신의 의견을 밀어붙이고 옥신각신하면 분위기가 어색해진다. 그러면 다른 의견을 내지 않으려고 하거나 서로 적당히 타협하려는 경우도 있다. 억지로 자리를 정리한다 해도 여파가 있게 마련이다.

그렇게 해서는 생산적인 논의를 할 수 없다. 조금이라도 이상하다 싶은 의견에 대해서는 확실히 반론할 필요가 있다. 다만 자신의 의견을 강력하게 밀어붙이거나 상대방의 의견을 뭉개버리지 말고 서로 납득할 만한 답을 찾는 자세로 생각을 정리하는 것이 중요하다.

✅ 목적, 전제, 제약 조건을 다시 살펴본다

우선 무엇을 위해 그 주장을 하는지를 확실히 하자. 원래 목적이나 전제가 되는 부분이 서로 어긋나 있다면 아무리 논의해도 의견이 맞을 리 없다.

예를 들어 새로 들어온 신입사원에게 어떤 업무를 맡길지 의견이 대립된다면 우선 업무를 맡기는 목적을 서로 맞춰야 한다. 장래 성장할 가능성을 염두에 두고 업무를 맡기자는 쪽과 지금 당장 필요한 일을 맡기자는 쪽으로 의견이 엇갈린다고 하자. 업무 성격이 완전히 다르므로 서로 납득하지 못한다. 먼저 목적에 대해 합의하면 자연스럽게 어떤 업무를 맡기는 게 좋을지 의견을 조율할 수 있다.

마찬가지로 제약 조건을 확인해두는 것이 좋다. 제약 조건이란 비용, 시간 등 이미 결정되어 변경이 불가능한 조건을 말한다.

어떤 사람은 제약 조건이라고 생각했던 것을 어떤 사람은 그렇지 않다고 생각하는 경우도 있다. 지금 인원으로 작업해야 한다고 생각하는 사람과 인원 보강이 가능하다고 생각하는 사람은 작업 기간에 대해 의견 대립이 생길 수 있다. 정말로 인원 보강이 가능한지를 확인하고 공유하면 대립을 해소하기 쉽다.

목적, 전제, 제약 조건을 되돌아보면 대립 상황을 상당 부분 없앨 수 있다.

◉ 어떤 점이 다른지 파악한다

논의 목적이나 전제를 잘못 파악하면 대립하는 의견 자체에 시선이 쏠리게 된다. 이럴 경우 다음의 3단계를 밟아보자.

1. 공통점과 차이점을 명확히 알아둔다

의견이 대립하는 경우 어느 부분에서 대립하는지를 확실히 알아야 한다. 또 전면적으로 의견이 대립하는 상황에서도 의견이 일치하는 부분을 명확히 알아둔다.

2. 의견 대립의 원인을 명확히 알아둔다

왜 의견 대립이 발생했는지 원인을 파악한다. 대부분 서로의 입장 차이에 따라 중요하게 생각하는 점이 다르기 때문에 대립으로 이어진다. 이럴 경우 서로의 입장 차이를 받아들인 다음 다른 시각에서 어떤 결론이 적절한지 생각하는 것이 좋다.

3. 시각을 바꾼다

일단 멀리 떨어져서 보면 사소한 부분에서 의견이 엇갈린 것일 수도 있다. 또 시야를 넓혀서 보거나 관점을 바꿔보는 것도 좋다. 자사의 입장만 고집할 것이 아니라 고객의 입장에서 보면 어느 쪽 의견이 좋은지 알 수 있다.

✅ '옳은 답'이 아닌 '최선의 답'을 찾는다

논의의 목표는 어느 쪽의 의견이 옳은지를 정하는 것이 결코 아니다. 목적을 이루기 위한 최선의 답을 찾는 것이 목표다.

신입사원에게 어떤 업무를 맡길지를 정할 때 논의 목표는 양쪽에서 주장하는 업무 중 하나를 정하는 것이 아니라

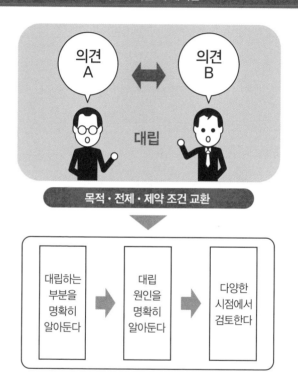

어떤 업무를 맡기는 것이 최선일지를 정하는 것이다.

물론 결과적으로는 어느 한쪽의 의견이 최선이라는 결론이 날 수도 있다. 하지만 2가지 의견 외에 제3의 의견도 놓치지 말자.

scene 06

회의 내용은 실시간
정리해서 공유한다

회의 중간에 화이트보드에 기호로 표시해가면서
정리한다

- -

 회의 중간에 말로 정리하고 넘어간다

⊘ 한눈에 보여주는 화이트보드 정리법

논의가 가열되기 시작하면 이런저런 말을 쏟아내게
된다. 그러다 보면 내용의 일부밖에 기억나지 않을 때가
있다. "그때 뭐라고 했더라? 중요한 이야기를 했던 것 같
은데"라고 한다든가 같은 내용을 계속 반복하기도 한다.

열을 올려 이야기한 내용을 기억하지 못할 리 없다고 생
각하는 사람도 있을 것이다. 그러나 한창 논의하는 중에는
다음 할 말을 생각하느라 서로 주고받는 내용까지 기억하
기 어렵다.

그러므로 논의 내용을 시각화해두면 좋다. 지금 어떤 것
을 논의하고 있고 어디까지 공유되었는지, 무엇이 합의되
었고 어떤 점이 엇갈리는지 모든 사람이 볼 수 있도록 정

리한다.

이때 위력을 발휘하는 것이 화이트보드다. 모든 사람들이 볼 수 있고 곧바로 수정할 수 있어서 편리하다. 몇 명이 모여서 이야기할 때는 늘 손 닿는 곳에 화이트보드를 두자.

최근에는 노트북을 프로젝터와 연결해서 보여주기도 하는데 편리함으로 봤을 때 화이트보드가 훨씬 낫다.

노트북 화면을 프로젝터로 투영할 경우 한 사람만 작성할 수 있다. 다른 사람은 자신이 생각한 것을 적을 수 없다. 그러면 "여기에 ○○라고 적어"라고 지시하느라 논의가 끊어진다.

또한 글자 크기 조정이 어려워 화면이 금세 글자로 가득 차서 논의가 멈추기도 한다.

✅ 회의 내용을 시각화한다

논의 내용을 시각화할 때는 단순히 받아 적는 게 아니라 상하 관계를 알기 쉽게 표현해야 한다. 이때 그래픽을 이용하면 도움이 된다. 다만 너무 과하지 않는 것이 좋다. 예쁜 그래픽으로 평가받을 일은 없다. 어디까지나 회의나 미팅할 때 오간 내용을 시각화하는 것이 목적이므로 섬세한 그래픽을 사용해야 할 정도로 복잡한 내용은 없다. 간단하게 위치 관계를 알 수 있는 정도로 충분하다.

같은 내용의 의견이나 아이디어는 동그라미로 묶거나 대립된 의견 사이에 '×'를 넣어서 표시한다. 시간상 전후 관계나 인과관계는 화살표를 이용한다. 이렇게 간단한 방법으로 논의 내용을 충분히 시각화할 수 있다.

현시점에서는 시각화하는 데 화이트보드가 가장 효과적이지만, 적은 내용을 보존할 수 없는(사진 촬영을 하거나 복사) 불편함도 있다.

scene 07

회의를 통해 무엇이
달라졌는지 정리한다

회의에서 나온 내용으로 어떤 점이 변했는지
주목한다

 회의 분위기가 좋으면 성과가 있다고 생각한다

✅ 열띤 토론은 무조건 성공적인가?

"오늘 회의에서 모두 빠짐없이 의견을 내고 열띤 논의
가 진행되어서 아주 좋았어. 참석자들도 모두 뿌듯한 표
정이었어."

이런 회의를 경험해본 적이 있는가?

그 회의는 무엇 때문에 열렸는가? 여러 의견이 나오고
논의가 가열되면 좋은 회의일까?

회의 성과는 결국 '회의 전후로 무엇이 바뀌었는지'로
결정된다. 회의 목적에 부합하는 변화가 일어났다면 높은
성과가 있었다고 할 수 있다.

참석자들이 서로 정보를 공유하기 위한 회의가 있다고
하자. 참석자들이 정보를 공유하는 활동 자체에는 큰 차이

가 없다. 하지만 회의에서 공유한 정보에 따라 성과는 크게 달라진다.

　예를 들어 다른 팀원이 몰랐던 유익한 정보가 많이 나왔다면 큰 성과가 있다고 생각할 수 있다. 회의 전에는 대부분의 팀원들이 몰랐던 정보인데 회의가 끝난 후에는 모두 알게 되었기 때문이다.

　한편 전원이 알고 있는 정보만 공유되거나 업무에 관계없는 정보만 나온 경우는 어떨까? 회의 전후로 큰 변화가 없으므로 성과 없는 회의라고 할 수 있다.

☑ 성과를 '0과 1'로 파악하지 않는다

'이 회의는 좋았다', '이 회의는 별로였다'와 같이 회의 성과를 이분법으로 봐서는 안 된다.

　물론 처음에 예상한 성과를 얻을 수 있다면 최상이지만 대부분의 회의는 생각대로 진행되지 않는다. 바라는 성과를 얻지 못했다 하더라도 실패한 것은 아니다.

　의견이 정리되지 않아 최종적인 결정을 하지 못한 채 회의가 끝나는 경우도 있다. 그러나 모든 사안이 결정되지는 않아도 일부는 의사 결정이 이루어졌는지도 모른다. 합의에 도달하지 못한다고 해도 양측이 가지고 있는 정보나 견해 차이를 확실하게 알았다면 회의 성과가 있다고 할 수 있다.

이와 같이 회의 전후로 무엇이 변했는지를 판단한다면 다음 회의에 임하는 마음가짐이 달라진다. 이분법으로 회의 성과를 파악해버리면 '또 처음부터 시작해야 하나?' 하고 조금 무거운 마음으로 다음 회의를 시작하게 된다. 하지만 전후 변화로 성과를 파악하면 '이전 회의에서 여기까지 진행되었으니 남은 것은 이것뿐이다' 하고 이전 회의와 연계해서 긍정적으로 다음 회의에 임하게 된다.

발상력을 높이는
생각 정리

어느 날 갑자기 '좋은 아이디어'를 떠올릴 수는 없다. 사전에 생각을 정리해두어야 적절한 시점에서 '좋은 아이디어'를 떠올릴 수 있다.

scene 01

문제 해결을 위해
생각해야 할 2가지

문제의 원인을 알아보고 해결 방안을 하나씩 마련한다

 문제가 눈에 띄면 수습하기 바쁘다

◉ 문제 해결의 2가지 접근

'문제 해결'이라고 하면 어쩐지 어렵고 거창하게 들린다. 하지만 우리는 평소에 다양한 문제를 해결하고 있다. 눈에 띄는 문제에 대응하는 것도 문제 해결이고, 고객이 안고 있는 문제를 해결하기 위해 제안하는 것도 문제 해결이다.

여기에서 말하는 문제 해결은 '문제에 대한 대응'을 가리키는데, 대응 방법은 크게 2가지로 나뉜다.

첫째는 눈에 띄는 문제에 대한 대응이다. 예를 들어 실수한 부하직원을 질책하거나 같은 실수를 하지 않도록 지도하고 실수한 업무를 시키지 않는 것이다.

실제로 일하는 도중에는 이러한 대응을 할 수밖에 없다. 다만 이러한 대응만 반복하면 '두더지 잡기 게임'처럼 어디서 갑자기 튀어나올지 모르는 문제를 수습하느라 바쁘다. 다른 부하직원이 비슷한 실수를 할지도 모르고, 같은 부하직원이 다른 일로 실수할지도 모른다.

둘째는 원인에 의거하여 해결책을 생각하는 것이다. 부하직원이 왜 실수했는지 파고들어 보는 것이다. 가령 지식이나 정보가 부족해서 실수했을 수 있고, 업무가 바쁘고 복잡해서 실수했을 수도 있다. 이와 같이 원인을 찾으면 대응책은 자연스럽게 세워진다.

지식이 부족했다면 지식을 익힐 수 있도록 부하직원을 지도한다. 정보가 부족했다면 제대로 정보를 입수했는지 확인한다. 업무가 바빠서 그랬다면 시간을 어떻게 사용하고 있는지 확인하고 시간을 낭비하는 항목을 조사한다. 시간 낭비를 하지 않는데도 실수했다면 업무량을 줄여준다.

이와 같이 원인을 알고 적절하게 대응하면 부하직원은 더 이상 실수하지 않을 것이다. 다른 부하직원이 비슷한 실수를 한 경우에도 같은 방식으로 대응할 수 있다.

⊘ 원인을 찾기 전에 경향을 파악한다

원인을 찾기 전에 하나만 더 신경 쓰면 문제 해결이 훨씬 편해진다. 바로 문제의 경향을 파악하는 것이다.

부하직원이 어떤 상황에서 자주 실수했는지를 확인해본다. 같은 업무에서 실수를 반복하는 경우 부하직원은 업무에 대한 지식이 부족해서 실수하는 거라고 생각할 가능성이 높다. 그러면 우선 지식이 정말 부족한지를 확인한다. 한편 업무가 쌓여 있을 때 실수한 경우에는 바빠서 그랬을 수 있다. 그렇다면 실제로 바쁜지 확인해보는 것이다.

원인을 찾으려면 조사할 것도 많다. 따라서 원인일 가능성이 높은 것부터 확인하면 훨씬 쉽다. 이처럼 경향을 알면 잘못된 원인을 찾는 데 시간을 낭비하지 않아도 된다.

문제 해결 단계를 다시 한 번 정리해보자. 우선 해결해야 할 문제가 무엇인지 정확하게 파악한다. 문제를 명확하게 알지 못하면 원인을 찾을 수도 없다.

문제를 정확히 알았다면 문제 경향을 파악한 다음 관련 있을 법한 원인을 확인한다. 그렇게 해서 원인을 알았다면

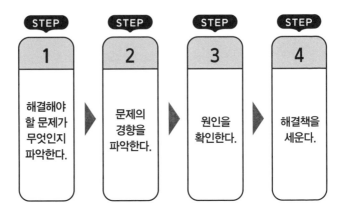

문제를 해결하는 4단계

STEP **1** 해결해야 할 문제가 무엇인지 파악한다.

STEP **2** 문제의 경향을 파악한다.

STEP **3** 원인을 확인한다.

STEP **4** 해결책을 세운다.

해결책을 생각한다.

조금 번거롭더라도 이 단계를 밟아나간다면 문제를 해결할 수 있다. 여러 가지 방법을 써봤지만 좀처럼 개선되지 않는 문제를 해결하는 데도 도움이 된다.

MEMO

scene 02

불편 사항과 해결해야 할
문제를 구분하라

이상적인 모습과 현재 상황의 차이에서 문제를 파악한다

 불편하고 힘든 것은 무조건 문제라고 생각한다

✅ 이상과 현재 상황의 차이가 문제

"업무상 해결해야 할 문제는 무엇입니까?"라고 묻는다면 어떻게 답해야 할까?

"과장님은 빨리 자료를 만들라고 재촉하는데, 참석자 전원이 자신의 아이디어를 말하지 않으면 회의는 끝나지 않고, 직속 후배와 소통이 원활하지 않고……."

이런 식으로 대답하지 않을까?

그러나 이런 일들은 문제라고 할 수 없다. 처음에 문제란 무엇인가를 머릿속으로 정리해두면 좋을 것이다.

이상적인 모습과 현재 상황의 차이가 문제라고 생각해보자. 이상적인 업무 상황은 어떤 것인가? '내 아이디어가 실현되는 것'이라면 자료 작성이나 후배와의 소통은 직접적인 관계가 없다. '회사에서 내 아이디어가 수용되는 것'이 문제이기 때문이다.

　문제 해결의 첫걸음은 '해결하지 않으면 안 되는 것이 무엇인지'를 확실히 파악하는 것이다. 지금 어떤 문제를 안고 있는지, 해결해야 할 문제는 무엇인지를 생각해본다. 이것이 명확하지 않으면 아무리 좋은 대응책을 생각했다고 해도 빗나가게 된다.

　보통 잘 풀리지 않는 것을 문제라고 여기기 쉽다. 성과는 올리고 있는데 구성원들 사이가 나쁘고 분위기가 좋지 않은 조직이 있다고 하자. 분위기가 나쁜 것이 문제처럼 보인다. 하지만 다른 조직보다 성과를 더 많이 올리는 것이 이상적이라면 나쁜 분위기는 해결해야 할 문제가 아니다. 마찬가지로 어떤 일이든 무엇이 문제인지는 이상적인 모습에 따라 달라진다.

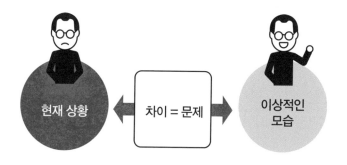

● 이상적인 모습을 그려본다

그렇다면 이상적인 모습을 어떻게 그리느냐가 중요하다. 이것은 자신이 직접 정해야 한다. 이상적인 모습은 상사나 선배가 정하는 것이 아니다. 상사나 선배의 지시대로 일한다면 주체적인 직원이 아니다.

물론 회사나 조직의 방침에서 벗어난 모습을 이상적이라고 하면 곤란하다. 우선 나름대로 이상적인 모습을 그린 다음 상사나 선배와 조율하고 수정하자. 그러면 상사나 선배도 당신을 융통성 있는 사람이라고 인정할 것이다.

이상적인 모습은 가능한 구체적으로 그려야 한다. 예를

들어 좋은 회사라고 하면 어떤 모습이 떠오를까? 좋은 회사에 대한 생각은 사람마다 다를 것이다.

이상적인 모습이 막연하면 현재 상황과의 차이도 보이지 않는다. 즉, 문제를 알 수 없다.

이상적인 모습을 구체적으로 그려두면 현재 상황과의 차이도 알기 쉽고 문제가 무엇인지도 확실하게 알 수 있다.

MEMO

scene 03

문제를 분류하면
핵심이 떠오른다

데이터를 다각도로 살펴보고 문제점을
면밀하게 파악한다

 신경 쓰이는 한 부분만 확인한다

✅ 문제를 객관적으로 파악한다

자사의 상품에 대해 고객을 대상으로 설문 조사를 했는데 만족도가 낮게 나왔다고 하자. 충격적인 결과이지만 시점을 바꾸면 개선할 좋은 기회가 된다. 이 데이터를 토대로 어떻게 개선점을 찾을 수 있을까?

가장 먼저 해야 할 일은 '경향을 파악하는 것'이다. 구체적으로 어떤 고객의 만족도가 낮은지를 파고들면 특히 만족도가 낮은 고객층이 나올 것이다. 이 고객층을 대상으로 대책을 세울 수 있다.

이런 경우에 대부분 '이 고객의 만족도가 낮나?' 하고 해당 연령층의 결과만 확인한다. 예를 들어 '계속 재구매한 고객이 불만을 품었을까?' 하고 5회 이상 재구매한 고객의

만족도만 확인해보고 '역시 재구매한 고객이 불만을 품었
군' 하고 결론을 내린다. 만족도가 낮지 않으면 '내 생각이
너무 지나쳤군' 하고 다른 부분을 찾는다. 이런 방식은 효
율적이지도 않을 뿐만 아니라 객관적인 경향을 파악할 수
도 없다.

◉ 문제점을 걸러내기 위한 'MECE'

그렇다면 앞에서 언급한 방식은 무엇이 잘못되었을까?
바로 데이터 누락이다. 재구매한 고객뿐만 아니라 재구매
하지 않은 고객의 만족도는 어떨까? 실제로 데이터를 보
지 않으면 알 수 없다. 재구매 이외의 경향에 대해 다양한
데이터를 확인하고, 다시 재구매한 고객의 데이터를 확인
하는 방식으로 점검하는 것은 시간 낭비다.

'5회 이상 재구매한 고객은 조사했으니 신규 고객과 재
구매한 고객의 만족도도 조사해보자'는 방식도 곤란하다.
왜냐하면 이미 5회 이상 재구매한 고객의 만족도는 확인
했으므로 중복되기 때문이다.

MECE에 의한 고객 분류

고객

신규 구매 | 2~4회 재구매 | 5회 이상 재구매

이 경우에는 이전에 조사한 '5회 이상 재구매한 고객'에
더해 '2~4회 재구매한 고객', '신규 구매 고객'으로 나눠
만족도를 조사하면 중복될 일이 없다.

이런 분류법을 MECE^Mutually Exclusive Collectively Exhaustive
라고 하는데 '빠짐없이 중복 없이'라는 의미다. 경향을 파
악할 때는 MECE 분류법을 취하는 것이 기본이다. 객관적
으로 경향을 살피라는 것은 파고들어 비교하라는 의미다.

막연하게 생각해서는 객관적인 비교를 할 수 없다. 30대
고객의 만족도와 여성 고객의 만족도를 비교하고는 여성
고객의 만족도가 낮으니 만족도를 높이자고 할 수는 없다.

30대 고객에는 여성도 포함되므로 같은 데이터로 비교한 셈이다. 여성과 비교하려면 남성 데이터가 있어야 한다. 30대의 만족도가 높은지는 다른 연령대의 데이터와 비교해봐야 알 수 있다.

✅ 기준을 확실히 정한다

MECE 분류법을 실시할 때는 떠오르는 대로 분류하는 것이 아니라 '한 가지 관점'으로 나누는 것이 중요하다. 이 것이 바로 기준이다. 명확한 기준에 따라 나눴다면 자연스럽게 MECE가 되어 있다고 판단해도 된다.

MECE를 활용하는 이유는 분류법을 찾는 것이 아니라 다양한 분류법으로 바라보기 위해서다. 문제 해결 상황이라면 '어떠한 관점으로 나누면 경향을 확실히 알 수 있는지'를 MECE 분류법으로 알아본다.

대충 상황을 보고 눈에 띄는 것만 중점적으로 분석하는 것이 아니라 다양한 관점으로 분류해 객관적으로 상황을 분석해야 문제 경향을 파악할 수 있다.

문제를 좁힐 때의 MECE 분류법

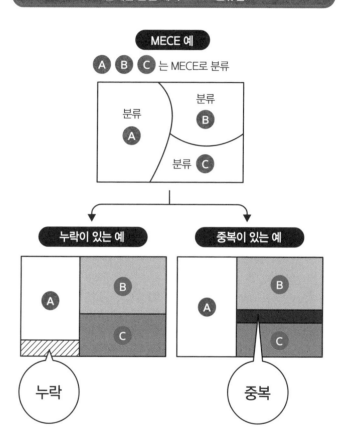

scene 04

문제의 원인을 알아야
해답이 나온다

'자신에게 원인이 있지 않은지'를 우선 의심한다

 '상대에게 원인이 있지 않은지'를 우선 의심한다

✅ '어째서?'라는 질문은 자기 자신에게 한다

고객 불만의 원인을 찾으려고 하면 때때로 무거운 분위기가 되기도 한다. 그러한 분위기 속에서 자주 나오는 말이 "그래서? 원인 제공자가 누구야?" 하는 것이다. 원인을 찾으려다 어느새 범인을 색출하기 시작한다.

문제 해결을 위해서는 결코 생산적인 방법이 아니다. 오히려 문제 해결에서 멀어지는 상황이 된다.

문제가 발생하면 누구의 책임인지를 따질 것이 아니라 원인을 찾는 데 초점을 맞춰야 한다. '자신이 무엇을 했는지' 혹은 '자신이 무엇을 하지 않았는지'를 돌아보고 자신에게 원인은 없는지 생각해보는 것이 중요하다.

고객이 지정한 대로 발주서를 작성하지 않았을 때 그 이

유를 찾는 것과 동시에 내 행동에 어떤 문제가 있었는지
생각해본다.

✅ 개인이나 조직에 대한 공격이 되지 않도록 주의한다

원인을 추궁할 때 자칫 "○○씨가 잘못했어", "○○팀이
잘못했어"라고 말하기 쉽다. 특정 개인이나 조직에 원인이
있다는 것이다. 얼핏 원인을 찾은 것처럼 보이는데, 실제
로는 감정적으로 그 사람이나 조직을 공격하는 것일 뿐 문
제 해결로 이어지지 않는다.

특정 개인에게 문제가 있다면 어떤 점에 문제가 있는지,
어째서 문제를 일으키게 되었는지를 따져보는 것이 더 생
산적이다.

원인을 찾는 것인지, 힐책하는 것인지 알 수 없는 대화
도 있다. "왜 자주 소통하지 않았지?", "왜 최종 확인을 하
지 않았지?"라고 원인을 묻는 듯 보이지만 사실은 답을 들
으려는 것이 아니라 상대를 힐책하는 것이다.

이러한 태도는 결코 문제 해결로 이어지지 않는다. 평소

자신이 이런 식으로 말하고 있지는 않은지 돌아보자.

문제 해결에 직접적으로 도움이 되지 않는데 어째서 '특정 개인이나 조직에 원인이 있다'고 생각하는 것일까? 이것은 원인을 밝히는 것과 책임을 추궁하는 것이 뒤죽박죽되었기 때문이다.

물론 책임 소재를 명확히 하는 것도 중요하지만 문제 해결과는 별개다. 책임을 져야 할 사람이 밝혀졌다고 해서 문제가 해결되는 것은 아니다. 원인을 밝혀서 대응책을 세우는 것과 책임을 명확히 하는 것을 분리해야 한다.

scene 05

문제 해결을 위한
아이디어 정리법

여러 가지 아이디어를 떠올려보고 하나를 고르거나 조합한다

 처음 떠오른 아이디어를 곧바로 실행한다

✅ 다양한 해결책을 떠올린다

문제의 해결책은 몇 가지 선택지 중에 하나를 고른다는 발상을 가져야 한다. 이를 위해 다양한 해결책을 생각해 두자.

또한 자신이 고른 해결책이 적절하다는 것을 피력하려면 다른 아이디어도 검토해봤다는 것을 보여줘야 한다. 여러 가지 아이디어를 생각해보면 그중 더 효과적인 것을 발견할지도 모른다. 그런 의미에서 해결책에 대한 아이디어를 광범위하게 내보는 것이 중요하다.

✅ 아이디어를 낼 때 '로직 트리'를 활용한다

해결책을 찾을 때는 'How(어떻게)'의 시점으로 '로직 트리logic tree'를 활용하면 효과적이다. 로직 트리란 상위 개념을 하위 개념(구체적인)으로 나누는 것이다. 상위층부터 나눌 때는 '빠짐없이 중복 없이MECE'를 염두에 둔다. 또 같은 계층에서 다루는 항목을 맞추는 것도 포인트다.

예를 들어 업무 계획을 세울 때는 담당자 혼자 하는 방법이 먼저 떠오르는데, 직장 내에서 도움을 받아 업무 계획을 세우는 시스템을 만드는 방법도 있다.

이와 같은 형태로 아이디어를 나눠보고 '혼자 힘으로 계획 세우기'와 '도움을 받아 세우기' 외에는 아이디어의 누락이 크게 없음을 확인한다.

로직 트리를 활용하면 지금까지 나오지 않았던 아이디어가 떠오를 가능성이 높다. 이때 우선 문제를 해결하는 방법으로 어떤 것이 있는지 찾아나간다.

해결책을 찾을 때는 가능한 '성질이 다른' 아이디어를 내는 데 신경 써야 한다. 예를 들어 다이어트 방법으로 식사 제한만 있다면 실행하기 전에 질려버리고 영양 부족으로 컨디션이 무너질지도 모른다. 식사 제한뿐만 아니라 칼로리를 소비하는 운동을 조합하면 다이어트의 폭이 넓어진다.

⊘ 여러 가지 해결책을 조합한다

가장 좋은 해결책 하나만 고르는 것이 아니라 여러 해결책을 조합할 수도 있다. 아무리 좋은 아이디어라 해도 그것 하나만으로 어떤 문제를 완전히 해결하기란 쉽지 않다. 문제의 일부만 해결할 수 있다거나 부작용 우려가 있다면 다른 아이디어와 조합해보면 된다.

이때 각각의 아이디어가 상호 보완이 되는지를 중점적으로 봐야 한다. 모든 선수가 4번 타자인 야구팀이 결코 득점력이 높지 않은 것과 마찬가지로 기발한 아이디어나 눈에 띄는 효과가 있을 법한 해결책만 좋은 것은 아니다. 해결책 전체의 균형이 중요하다.

각각의 해결책마다 역할이 있고, 그것을 전부 더하면 문제를 해결할 수 있다. 이때 중요한 것이 앞에서도 언급한

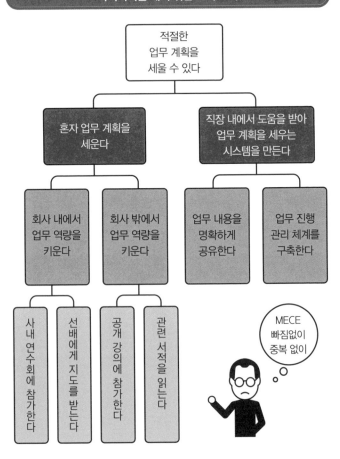

아이디어를 내기 위한 로직 트리

적절한
업무 계획을
세울 수 있다

혼자 업무 계획을
세운다

직장 내에서 도움을 받아
업무 계획을 세우는
시스템을 만든다

회사 내에서
업무 역량을
키운다

회사 밖에서
업무 역량을
키운다

업무 내용을
명확하게
공유한다

업무 진행
관리 체계를
구축한다

사내 연수회에 참가한다

선배에게 지도를 받는다

공개 강의에 참가한다

관련 서적을 읽는다

MECE
빠짐없이
중복 없이

226

'성질이 다른 아이디어를 얼마나 내느냐'이다.

다이어트 방법에서 'OO를 먹지 않기' 같은 식사 제한 뿐이라면 최종적으로 먹을 수 있는 음식이 없다. '운동하기', '식사 횟수 점검하기', '일정한 생활리듬 가지기' 등 다른 성질의 아이디어를 조합하면 다이어트 효과를 더 높일 수 있다. 여러 가지 해결책을 조합하는 것은 성질이 다른 아이디어를 얼마나 내느냐에 달려 있다.

scene 06

번뜩이는 발상은
생각 정리 습관에서 나온다

평소에 쌓아온 지식이나 경험을 바탕으로 조합한다

 아무것도 없는 상태에서 떠오를 때까지 계속 생각한다

⊙ 아이디어는 '잠재해' 있다

'뭔가 좋은 아이디어 없나?'라는 말을 들으면 갑자기 막막해진다. 아무것도 없는 상태에서 좋은 아이디어가 쉽게 떠오를 리 없다.

대부분 어떤 지식이나 경험을 활용하여 아이디어를 생각해낸다. 뉴턴도 사과가 나무에서 떨어지는 것을 보는 순간 알고 있던 지식과 합쳐 화학반응을 일으킴으로써 만유인력을 발견했다. 결코 아무것도 없는 상태에서 아이디어를 떠올린 것이 아니다.

자신의 지식이나 경험을 활용한다는 마음가짐으로 아이디어를 떠올려보자. 다만 어떤 지식이나 경험이 아이디어에 쓰일지는 알 수 없으므로 우선 다양한 정보를 입수하고 그것을 정리해보면서 아이디어가 떠오르기를 기다리는 것이 중요하다.

✅ 아이디어를 창조하기 위한 5단계

다음은 미국의 크리에이터 제임스 웹 영James Webb Young이 쓴 《아이디어 생산법》에 소개된 내용으로 아이디어 창조를 위한 5단계이다.

STEP ❶ **자료 모으기** : 아이디어와 관련이 있든 없든 일단 모은다.

STEP ❷ **자료 조합하기** : 모은 자료를 조합해본다. 이 단계에서 아이디어를 생각해낼 필요는 없다.

STEP ❸ **부화시키기** : 일명 '아이디어 잠재우기' 단계로 일단 방치해둔다.

STEP ❹ **아이디어 탄생** : 의외의 곳에서 새로운 아이디어가 떠오른다. 책상 앞에 앉아 있을 때뿐만 아니라 지하철이나 자동차로 이동 중일 때, 밥 먹을 때, 자려고 누웠을 때도 아이디어가 떠오른다.

STEP ❺ **아이디어 구체화 및 전개** : 떠오른 아이디어를 구체화한다.

아이디어 발상은 특별한 일을 할 것 없이 머릿속에서 화학반응이 일어나기를 기다리면 된다. 필요에 따라 자극을 가하는 것도 좋다. 이때 핵심은 '조합하는 방법'이다. 얼핏 관계없는 것을 조합해보면 의외의 공통점, 특징, 쓰임새가 떠오른다.

신박한 아이디어를 내기 위한 절대적인 방법은 없다. 다양한 것을 조합하다 보면 자연히 아이디어가 떠오를 것이다.

scene 07

떠오른 아이디어를
정리하는 법

아이디어의 질은 무시하고 일단 많이 낸 다음
하나씩 정리한다

 아이디어가 떠오를 때마다 평가해보고 걸러낸다

✅ 발상 단계와 평가 단계를 구분한다

　회의 진행 방식에 대한 아이디어를 생각한다고 하자. 아이디어가 샘솟아 재미있는 진행 방식들이 떠올랐다. 그러나 아이디어대로 회의를 진행하는 상상을 해보니 갑자기 자신감이 떨어졌다. 그 순간을 기점으로 샘솟던 아이디어도 뚝 끊겼다. 또는 아이디어를 다른 사람에게 얘기했더니 "그건 좀 별로다"라고 묵살해버린다면 갑자기 생각이 막히고 의욕이 떨어진다.

　한창 아이디어를 내는 도중에 평가하면 브레이크가 걸려 원활하게 아이디어가 나올 수 없다. 그러므로 '아이디어를 낼 때'와 '아이디어를 평가할 때'를 나눠야 한다. 혼자서 아이디어를 떠올릴 때든 그룹으로 아이디어 회의를 할 때든 마찬가지다.

✅ 아이디어를 평가하는 6가지 기준

아이디어를 평가할 때는 막연하게 '이 아이디어는 좋다', '이 아이디어는 별로다'라고 평가하지 말자. 물론 평범한 아이디어를 걸러내는 것은 중요하다.

미국의 저명한 컨설턴트 댄 히스Dan Heath와 칩 히스Chip Heath가 쓴 《스틱!》에서는 아이디어를 평가하는 시점으로 'SUCCES'를 언급한다. 각 단계의 머리글자를 딴 것이다.

- Simple : 단순한가?
- Unexpected : 의외성이 있는가?
- Concrete : 구체적인가?
- Credible : 신뢰할 만한가?
- Emotional : 감정에 호소하는가?
- Story : 이야기가 있는가?

아이디어가 평범한지는 아이디어를 낸 사람이 평가하는 것이 아니다. 자신이 보기에 지극히 당연하게 여겨지는 아이디어도 다른 사람이 보기에는 독특할 수 있다. 떠오른 아이디어를 SUCCES의 관점에서 보고 다른 사람들의 뇌리에 남을지 확인하자.

⊘ 아이디어는 많을수록 좋다

아이디어를 낼 때와 평가할 때를 나누는 이유는 아이디어를 내는 단계에서는 양이 중요하기 때문이다. 많은 아이디어가 나오면 좋은 아이디어가 들어 있을 가능성이 그만큼 높다. 확률적으로 양질전환의 법칙에 따라 양을 계속 늘리면 질이 향상되기 때문이다. 일이든, 공부든, 취미든 소화하는 양이 늘어나면 자연스럽게 역량이 올라간다.

처음에는 그다지 신선한 아이디어가 떠오르지 않더라도 '새로움'은 차치하고 계속 떠올리다 보면 양질의 아이디어가 튀어나온다. 떠오른 아이디어를 일일이 평가하면 충분한 양을 뽑아내는 데 시간이 걸린다. 일단 양에 중점을 두고 아이디어를 뽑아낼 필요가 있다.

scene 08

상상 이상의 아이디어를
뽑아내는 법

**함께 모여서 아이디어를 공유하고 다른 사람의
아이디어를 조합해서 발전시킨다**

- -

 각자 아이디어를 생각하고 모여서 회의를 한다

✅ 제대로 된 브레인스토밍을 위한 원칙

혼자 아이디어를 계속 생각하다 보면 금세 벽에 부딪힌다. 지식, 경험, 사고의 폭에 한계가 있기 때문이다.

모두 모여서 아이디어를 내는 것을 브레인스토밍이라고 한다. 브레인스토밍이 효과적으로 이루어질 때도 있지만 잡담으로 끝나 버리는 경우가 더 많다. 한 사람이 의견을 내는 것으로 끝나거나 아이디어를 비판하기만 한다면 의미가 없다.

제대로 아이디어를 내고 싶다면 브레인스토밍의 원칙을 확실히 정하는 것이 중요하다. 브레인스토밍을 고안한 알렉스 오스본은 제대로 된 브레인스토밍을 위한 4가지 원칙을 제시한다.

- 비판하지 않는다.
- 자유분방한 분위기에서 기발한 아이디어를 환영한다.
- 질보다 양을 중시한다.
- 다른 아이디어에 편승하는 아이디어도 괜찮다.

이러한 원칙을 바탕으로 하면 상상 이상의 아이디어를 낼 수 있다. 브레인스토밍도 이 원칙에 따라 해보면 어떨까?

✅ 독창적인 아이디어를 떠올리는 9가지 포인트

오스본은 아이디어를 떠올리기 위한 9가지 포인트도 제시한다. 이를 활용하면 더욱 독창적인 아이디어를 떠올릴 수 있다.

- 다른 용도는 없을까?
- 다른 곳에서 아이디어를 차용할 수 없을까?
- 변화시켜보면 어떨까?
- 크기를 키워보면 어떨까?

- 크기를 축소해보면 어떨까?
- 다른 것으로 대체 가능할까?
- 교체해보면 어떨까?
- 반대로 해보면 어떨까?
- 조합해보면 어떨까?

독창적인 아이디어도 냉정하게 보면 오스본의 9가지 포인트 중 몇 가지를 능숙하게 활용한 것이 대부분이다.

브레인스토밍의 4가지 원칙과 9가지 포인트를 잘 활용하면 같은 구성원으로 같은 회의를 해도 놀라울 정도로 다채로운 아이디어를 떠올릴 수 있다.

위북은 '함께'의 '가치'를 소중하게 생각합니다.
독자 여러분들의 소중한 의견이나 투고 원고는
we-book@daum.net으로 보내주시기 바랍니다.

생각 정리 습관
– 5가지 일센스를 키우는

© 위북, 2020

초판 1쇄 발행 2020년 11월 23일
초판 2쇄 발행 2021년 01월 11일

지은이 우부카타 마사야
옮긴이 하진수
펴낸이 강용구
펴낸곳 위북(WeBook)
등록 2019. 10. 2 제2019-000271호
주소 서울시 마포구 양화로 127(서교동) 첨단빌딩 4층 432호
전화 02-6010-2580 **팩스** 02-6937-0953
전자우편 we-book@naver.com

ISBN 979-11-969867-4-2 (03190)
정가 15,000원

책을 만든 사람들
편집주간·기획 추지영 **책임 디자인** 이종헌(디자인오투)
마케팅 PAGE ONE **홍보** 김범식 **물류** 북앤더
지원 정현주 조민예 조경수 이경종 **제작총괄** 안종태 **제작처** (주)한길프린테크

이 도서의 국립중앙도서관 출판예정도서목록(CIP)은 서지정보유통지원시스템 홈페이지(http://seoji.nl.go.kr)와 국가
자료종합목록 구축시스템(http://kolis-net.nl.go.kr)에서 이용하실 수 있습니다.
(CIP제어번호 : CIP2020046652)